KB265143

중국의 굴기崛起와 미국의 전략戰略

중국의 굴기_{崛起}와 미국의 전략_{戰略}

초판 1쇄 발행 2012년 12월 12일

글 쓴 이   신성원
발 행 인   권선복
편   집   김정웅
디 자 인   최새롬
교정교열   김소영
전 자 책   박소은
마 케 팅   서선교
발 행 처   도서출판 행복에너지
출판등록   제315-2011-000035호
주   소   (157-010) 서울특별시 강서구 화곡로 232
전   화   0505-666-5555
팩   스   0303-0799-1560
홈페이지   www.happybook.or.kr
이 메 일   ksb6133@naver.com

값 15,000원
ISBN 978-89-97580-52-1   93340

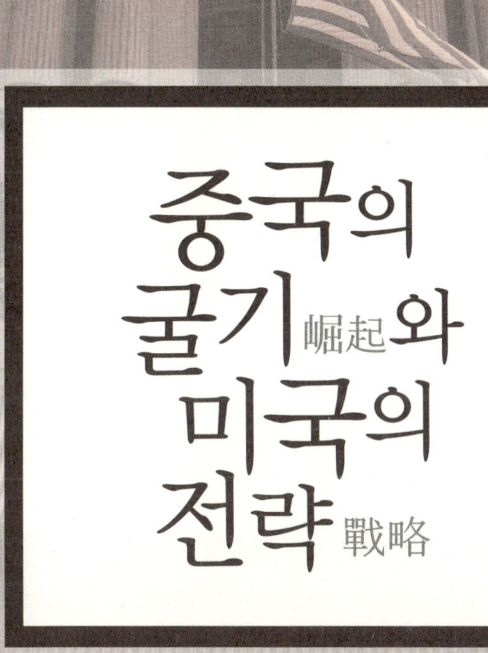

중국의 굴기崛起와 미국의 전략戰略

| 글쓴이 | 신성원 |

도서출판 행복에너지

이 글의 목적은 Kissinger, Brzezinski, Scowcroft 등 역대 미국 대통령 안보보좌관들의 인식과 견해를 통해 중국, 러시아, 일본, 인도 등 유라시아 대륙 주요 강대국들에 대한 미국의 정책과 의도를 파악해 보기 위한 것이다.

유라시아 대륙과 동북아 지역의 주요 강대국 관계에 대해 미국 내 국제 관계 최고 전문가들의 전략적 사고를 이해함으로써, 미국과 중국, 러시아, 일본 등 한반도 주변 강대국들의 상호관계가 한반도와 동북아 지역에 미치는 영향을 분석해 보기 위한 것이다.

이 글을 쓰기 위해 아래 영문 자료들을 참조하였다.

- Does America need a foreign policy by Henry Kissinger (2001),

- On China by Henry Kissinger(2011),

- The Grand Chessboard by Zbigniew Brzezinski(1997),

- Strategic Vision: America and the Crisis of Global Power by Zbigniew Brzezinski(2012),

- America and the World: Conversations on the future of American Foreign policy by Zbigniew Brzezinski and Brent Scowcroft moderated by David Ignatius(2007),

- Trust: The Social Virtues and the Creation of Prosperity By Francis Fukuyama(1995),

- Uncertain Partners, Stalin, Mao, and the Korean War, Sergei N. Goncharov, John W. Lewis, and Hue Litai, 1993

- My Life by Bill Clinton(2004),

- Decision Points by George W. Bush(2011),

- No Higher Honor By Condoleezza Rice(2011),

- Denuclearizing North Korea by Siegfried S. Hecker (Bulletin of the Atomic Scientists, May/June, 2008),

- Redefining Denuclearization in North Korea by Siegfried S.

Hecker(Bulletin of the Atomic Scientists, 20. December, 2010),

- North Korea from 30,000 feet by Niko Milonopoulos,
  Siegfried S. Hecker, and Robert Carlin, (in the January/
  February issue of the Bulletin of the Atomic Scientists, 6 January
  2012)
- Contemplating a third nuclear test in North Korea By
  Frank V. Pabian and Siegfried S. Hecker(Bulletin of the
  Atomic Scientists, 6 August 2012)

현금의 국제 관계에서 미국과 중국 관계가 가장 중요한 국가 간의 관계라고 말할 수 있는데, 미중 관계는 정치, 군사, 안보, 경제, 사회, 문화 등 다양한 영향을 동북아와 한반도에 미치고 있다.

미국과 중국 관계가 건설적이고 상호보완적인 관계를 유지하고 발전되면 동북아와 한반도는 긍정적인 영향을 받게 되고, 평화와 안정이 유지되며 경제 발전의 역동성을 갖게 되는 반면, 미국과 중국 관계가 긴장되고 상호 군사적 위협을 증대시키는 관계가 되면, 동북아와 한반도는 부정적인 영향을 받게 되고 전쟁의 위협에 직면하게 된다.

유럽에서 독일과 러시아 관계가 독일, 러시아 양국은 물론 폴란드 등 인접 유럽 국가들의 평화와 안전에 막대한 영향을 미친 것과 같은 의미이다. 역사적으로 독일은 러시아와의 관계가 악화되었을 때 대규모 전쟁 참화에 직면하였고, 러시아와의 관계가 우호적이었을 때에는 평화가 유지되고 경제적 번영이 지속되어온 경험이 있다.

이 글에서는 미국과 중국 관계를 중심으로 한반도 주변 강대국 관계를 검토해 보고자 한다. 역사적으로 미국과 중국은 한반도에서 대규모 군사적 충돌을 경험했고, 대만 해협에서 수차례 군사적으로 대치하였는데, 북한의 침공으로 시작된 한국전쟁에 대한 심층적인 이해는 오늘의 한반도 상황을 이해하는데 필수적이다.

한국전쟁은 세계적 강대국과 지역 강대국인 미국과 소련, 중국 등이 군사적, 외교적으로 개입한 국제전으로 국제적 관점에서 파악해 볼 필요가 있다. 한국전쟁 막전 막후에 미국과 중국 그리고 소련 등 주요 플레이어들의 의도와 행동을 살펴보고, 중국의 한국전쟁 개입 과정, 미국의 참전 등 한국전쟁의 주요 내용에 대해 파악해 보고자 한다.

또한 대만 해협을 위요한 2차례에 걸친 미국과 중국 간 군사적 대치 상황과 소련, 인도, 베트남 등 주변국들과 중국의 군사적 충돌에 대해서도 파악해 보고자 한다.

중국의 대외정책은 기본적으로 방어적이며 수세적인 측면이 있는데, 그럼에도 불구하고, 1950년 한국전 개입이나 1979년 베트남 침공에서 보는 바와 같이 자신의 전략적 이익을 위해 필요하다고 판단될 때는 대규모의 군사적 관여關與를 과감히 결정하는 단호함을 보여주고 있는데, 중국의 대외정책 결정 과정과 모택동의 기습 공격 전략에 대해서도 파악해 보고자 한다.

이와 함께 중국과 러시아 관계에 대해서도 검토해 보고자 한다. 수천 킬로미터의 긴 국경을 인접하고 있는 중국과 러시아는 지정학적으로나 전략적으로 매우 부담스러운 관계였으며, 지금도 그러하다. 중국과 러시아는 사안에 따라 그리고 지정학적, 전략적 환경 변화에 따라 자국 이익의 관점에서 상호 경쟁과 협력을 지속하고 있다.

국제 관계와 경제 사회 건설에 있어 정치, 군사, 경제, 기술적 요소에 비해 못지 않게 문화의 힘이 매우 중요하다. 이러한

점에서 국제관계에서 문화적 존엄성의 정치와 경제 사회 건설
에 있어 문화가 미치는 영향에 대해서도 알아 보고자 한다.

북한 핵 문제에 대해서는 그간의 경과를 살펴보고 북한 핵
실험의 의미와 북핵 문제의 그간의 주요 경과, 북한의 핵 능력
과 운반 수단 역량 수준, 북핵 문제와 이란 핵 문제 등을 비교
해 보고자 한다.

북핵 문제 전문가이자 핵 과학자이며, 미국의 최초 핵무기
개발 '미 국립 연구소Los Alamos National Laboratory' 소장을 11년
간 역임한 스탠포드대 '헤커Hecker' 교수는 과거 7차례 북한을
방문하였고 4차례 영변 핵 시설을 방문하였다.

헤커 교수는 영변 핵 시설을 방문하고 결과를 정리한 보고
서를 핵 과학 전문지에 4차례 기고하였는데, 헤커 교수의 북핵
보고서를 통해, 북핵 문제의 핵심 쟁점을 이해하고, 그가 제시
하는 북핵 문제 해결 방안에 대해서도 알아보고자 한다.

한반도 주변 강대국 관계와 동북아 문제, 그리고 북한 핵 문
제에 관심을 갖고 계신 분들께 이 글이 작은 참고가 되었으면

중국의 굴기와 미국의 전략

하는 생각이다.

　이 책이 출판되게 된 데에는 도서출판 행복에너지 권선복 대표의 지원과 도서출판 행복에너지 관계자 여러분들의 노고가 있어 가능하게 되었다. 이 자리를 빌어 권 대표님과 최새롬 디자이너 등 행복에너지 관계자 여러분들께 감사 말씀을 드리고자 한다.

2012년 11월 23일
신성원 드림

제1부

미국과 중국 관계

"

역사적으로 중국 주변지역-은 경제적이나.
문화적으로는 열악하지만
군사적으로는 강력한 이민족들에 의해 지배되어 왔다.

역사적으로 한족Han Chinese은 특별히 공격적이지
않았으며. 중국이 공격성을 보일때는
외부로부터 공격을 받아 외국의 지배를 받거나
외국으로부터 모욕을 당했을 때였다.

"

중국의 지정학적 환경과 대외전략

지정학적으로 중국은 러시아, 인도, 일본 등 강력한 주변국들로 둘러 싸여 있는데, 일본은 중국의 태평양 진출을 막고 있으며, 러시아는 중국의 유럽 진출을 막고 있고, 인도양에서 군사적으로 우위에 있는 인도는 중국의 중동 진출을 막고 있다. 이들 강력한 주변국들과의 국경 지역에는 예외없이 자치 독립을 열망하는 소수민족들이 거주하고 있다는 것도 중국에게는 취약점이다.

중국의 대외전략은 '이이제이以夷制夷' '가까이 있는 적과 싸울 때는 멀리 있는 적과 화평을 유지하라' 등 대부분 손자551-496 BC의 병법을 차용하고 있다. 중국의 대외정책 목표는 중

국 국경 지역에서 적들이 연합하는 것을 방지하는데 있다. 중
국은 '모든 문제에 해법이 있는 것은 아니다' '구체 사안에 대
해 완전히 통달할 것을 너무 강조하면 우주의 조화가 깨질 수
있다'면서 인내심을 갖고 점진적으로 상대적 이점을 축적하는
것이 중요함을 강조한다.

중국의 "전략적 포위 개념"은 바둑에 비유된다. 서방의 체
스는 '완전한 승리'를 강조하는데, 만약 서방의 체스가 '결정적
인 전투'라면 바둑은 '지연 작전'을 의미한다. 체스 플레이어가
'완전한 승리'를 추구한다면, 바둑 플레이어는 '상대적인 이득'
을 강조한다.

체스 플레이어가 공격을 통해 적군에 대한 섬멸을 목표로 한
다면, 바둑 플레이어는 바둑판의 빈 공간에서 움직이면서 상대
의 전략적 잠재력을 점진적으로 완화시키는 것이다. 체스 플레
이어가 일편단심 승리를 추구한다면, 바둑 플레이어는 바둑판
위에서 전략적 유연성을 만들어 내기 위해 노력한다.

중국 주변지역은 역사적으로 경제적이나, 문화적으로는
열악하지만 군사적으로는 강력한 이민족들에 의해 지배되어

왔다.

　중국의 북서쪽으로는 만주, 몽골, 위구르, 티벳, 러시아인 등이 거주했는데 이들은 수시로 중국을 침범했다. 남서쪽으로는 인도, 네팔, 부탄, 미얀마, 라오스, 베트남이 위치해 있다. 동쪽으로는 한반도, 일본과 인접하고, 태평양을 사이에 두고 미국과 마주하고 있다.

　중국 전체 인구는 약 13억 5천만 명인데, 이 가운데 약 90% 정도가 한족이다. 중국은 한족을 포함하여 56개의 민족으로 구성된 다민족 국가이다. 중국의 55개 소수민족 가운데 장족, 몽골족, 위구르족, 회족, 조선족 등은 인구가 백만 명이 넘으며, 장족은 약 1천 5백만 명에 이른다.

　중국의 소수민족은 주로 동북, 화북, 서북, 서남, 동남, 연해 지방에 거주하는데 장족은 주로 서장 자치구에 거주하며 그곳에는 세계의 지붕이라 불리는 청장 고원이 있다. 몽골족의 주요 거주지는 내몽고 지방의 대초원이며, 조선족은 주로 길림성의 연변 자치구에 거주하고 있다. 운남 지역은 소수민족 비율이 가장 높은 지역으로 30여 소수민족이 거주하고 있다.

중국 전체 인구중 소수민족 비율은 약 10% 정도인데, 전체 인구중 약 20%가 소수민족인 러시아에 비해 인구학적 측면에서 상대적으로 안정적이라고 볼 수 있지만, 신장, 티벳 지역 등은 불안 요소가 잠재해 있다.

미국과 중국, 지정학적 충돌을 피할 수 있나

유일 초강대국 미국과 21세기에 경제 초강국으로 부상하고 있는 중국과의 관계는 세계 평화와 국제적 번영에 있어 매우 중요하다.

미국 공화당 닉슨 행정부와 포드 행정부에서 대통령 안보보좌관과 국무장관을 역임한 키신저 전 미 국무장관은 그의 저서 『중국에 관하여On China』에서 미국과 중국은 자국의 고유 가치를 대변한다면서, '미국의 1등주의는 기독교 선교American exceptionalism is missionary'로부터, '중국의 1등주의는 문화China's exceptionalism is cultural'로부터 나온다고 주장하였다. 이는 미국이 1등 국가가 된 것은 기독교 정신에 기인하고,

중국의 굴기와 미국의 전략

중국이 1등 국가로 부상하는 데는 문화가 중요한 역할을 하고 있다고 본 것이다.

미중 관계의 장래와 관련하여 키신저 장관은 많은 분석가들이 21세기 미중 관계를 전략적 충돌을 경험한 19세기 영국과 독일 간의 라이벌 관계에 비유하기도 하나, 미중 간에 진정한 전략적 신뢰와 협력을 만들어 낼 수 있을 것으로 본다고 하였다.

그는 미중 관계를 반드시 '제로섬zero sum' 관계로만 볼 필요는 없다면서, 현 국제 질서에서 핵심 문제는 본질적으로 지구적이라면서, 핵심 이슈에서 합의를 도출해 내는 것이 쉽지는 않지만, 핵심 문제에서 대결하는 것은 모두에게 패배를 의미한다고 하였다.

미중 관계는 협력과 마찰이 반복되는 패턴을 보이는 가운데, 다양한 대화 채널을 통해 상호이해관계를 조정해 나가고 있는데, 키신저 장관은 자신의 저서 『미국은 외교 정책을 필요로 하는가Does America need a foreign policy』에서 미중 관계를 역사적 측면과 전략적 측면으로 구분하고 다음과 같이 설명하였다.

미국 내에는 중국을 보는 두 가지 시각이 있는데, 하나는 중국을 포용하고 '전략적 동반자strategic partnership'로 파악하는 주로 미국 내 민주당 인사들의 시각이며, 다른 하나는 중국을 '도덕적으로 흠결이 있는 불가피한 적morally flawed inevitable adversary'과 '라이벌, 경쟁자'로 보는 시각으로, 주로 미국 내 공화당 인사들의 입장이다.

미국의 대아시아 정책은 대유럽 정책과 마찬가지로 아시아에서 패권 국가가 출현하는 것을 저지하는 것이다. 미중 관계에서 중국의 행동들은 공산주의 이데올로기에 의해서라기 보다는, 19세기 중국 내 민족주의 '아이디어'들에 의해 주도될 가능성이 크다. 따라서 미국의 대중국 외교정책의 과제는 중국의 민족주의가 위협으로 비화되지 않도록 관리하고 대처하는 것이 중요하다.

서방학자들은 중국의 부상을 종국적으로 제1차 세계대전으로 귀결된 19세기 독일의 부상에 비유하기도 한다. 아시아에서 중국이 헤게모니 국가로 부상하려는 현 상황에서 미국이 취할 태도는 분명하다. 제2차 세계대전 당시 일본의 헤게모니 부상을 저지했고, 냉전시대 소련의 헤게모니 구축 기도를 막

은 것처럼, 아시아에서 헤게모니 국가의 부상을 재차 저지하
는 것이다.

　미중 양국은 문화적, 종교적, 역사적, 인종적 차이 등으로
인해 상대를 정확히 이해하지 못하고, 안정적이고 균형된 양
국관계를 도출해 내지 못하는 측면이 있는데, 역사적으로 중
국은 한번도 상대 사회를 '동등한 기준on the basis of equality'으
로 대우한 경험이 없다.

　미국 민주당 카터 행정부에서 대통령 안보보좌관을 역임한
브르제진스키 보좌관은 '경제, 군사 분야에서 중국이 장래 미
국에 도전할 수 있다는 지적은 매우 적절하다'면서, 미국이 중
국을 국제 시스템에 편입시키려는 노력은 1914년 영국, 독일
등 유럽 제국주의 열강들이 중국을 다룬 방식보다 훨씬 현명
하다고 하였다.

　브르제진스키는 미중 관계의 장래를 긍정적으로 보는 이유
중 하나로 중국 지도부가 러시아 스탈린이나, 독일 히틀러와
같이 그들의 가치 체계를 세계에 강요하려는 것이 아니라, 중
국이 세계의 일부이고 세계의 일부가 되기 위해 노력한다는

점이라고 하였다.

미국 공화당 H.W.Bush 행정부에서 대통령 안보보좌관을
역임한 스코크로프트 보좌관은 중국은 경제 발전을 위해 세계
시장에의 접근과 원자재 수입이 필요함을 인식하고 있으며,
이를 위해 안정적인 국제 상황이 필요하며, 제1차 세계대전
이전의 독일과 달리 현 국제 시스템에 포함되기를 희망한다고
지적하였다.

스코크로프트는 중국과의 관계에서 미국의 바람직한 구조
는 모두에게 개방된 무역 시스템인데 만약 중국이 '배타적 관
계exclusive relationships'를 추구한다면 문제겠지만, 아직까지는
중국이 '열린 체제open system'에 들어오려고 노력하고 있다 하
고, 에너지 문제와 관련, 미국은 모두에게 열린 에너지 분배
시스템을 지지한다고 하였다.

브르제진스키 안보보좌관은 중국이 인정사정없이 자신의
이익을 추구한다는 주장과 관련하여, "미국 기업들은 그렇지
않은가." 라고 반문하면서, 미국 기업들도 이익 극대화를 위해
국제적으로 최선을 다한다고 설명하였다. 그는 '경제적 라이

벌business rival’ 이라는 의미에는 절제의 의미가 내포되어 있다면서, 따라서 미중 간 라이벌이라는 의미는 결국 충돌로 결과되는 제국주의적 군사 경쟁과 동일한 것은 아니라고 하였다.

스코크로프트 안보보좌관은 중국의 역사를 보면 매우 중앙집권적인 상태와 혼란 상황이 지속, 반복되는 것을 볼 수 있는데 중국 지도부는 국내적 불안정을 매우 두려워하고 있다고 한다.

일례로 중국이 정치 체제를 개혁하는 데에 있어 체제 불안이 야기되는 데에 대한 두려움이 도사리고 있는데 중국은 도시와 지방 간의 긴장, 부자와 빈자들 간의 갈등 등 많은 문제를 안고 있으며, 중국 지도부는 이러한 문제들에 대해 우려하고 있다고 하였다.

역사적으로 ‘한족Han Chinese’은 ‘특별히 공격적이지 않았으며has not been unusually aggressive’ 중국이 공격성을 보일 때는 외부로부터 공격을 받아 외국의 지배를 받거나, 외국으로부터 모욕을 당했을 때였다.

　브르제진스키 안보보좌관은 중국에게 모욕을 준 나라들로 영국, 일본, 러시아 등을 열거하면서 영국은 아편전쟁에서 승리한 후 중국 영토 일부 할양을 강요하였고, 일본은 중국 대륙 침략, 러시아는 중국 북부 지역 영토 잠식 및 스탈린이 중국 자존심에 상처를 준 것 등이라고 설명하였다.

　중국 입장에서 보면 중국에게 모욕을 준 두 나라는 이미 벌을 받았는데, 영국은 제국의 지위를 상실했고, 홍콩을 중국에 반환하였으며, 러시아는 소련의 붕괴로 국제적 지위와 영토가 현저하게 줄어들었다. 따라서 중국으로서는 이제 일본과 미국을 심각하게 보고 있는 것 같다.

　브르제진스키는 중국은 역사적으로나 지정학적인 이유로 미국을 우방으로 인식해야 한다고 주장하면서, 그 이유로 일본이나 러시아와 달리 미국은 중국에 대해서 영토적 야심이 없었으며, 영국과 달리 중국에게 모욕감을 주지도 않았으며, 또한 중국의 경제 발전에 필요한 지속적인 외국 투자 유치를 위해서도 중국은 미국과의 '전략적 합의a viable strategic consensus' 도출이 필요하다고 주장하였다.

중국의 굴기와 미국의 전략

미국이 중국을 어떻게 다루어야 할 것인지와 관련하여 브르제진스키 안보보좌관은 첫째, 중국을 '존중respect' 할 필요가 있다면서, 중국이 미국의 위협이나 훈시를 쉽게 받아들이는 그런 수준의 문명은 아니며, 중국인들은 세계에서 가장 위대한 문명 가운데 하나인 자신의 역사와 문화를 심도있게 그리고 정당하게 인식하고 있다고 한다.

둘째, 중국인과 중국 지도부는 매우 현명하다면서, 현재 중국 지도부는 중국의 비민주 시스템에 '보다 많은 민주more democracy' 요소를 도입하기 위한 방안에 대해 '논의public discussion' 하고 있는데, 중국 지도부는 보다 열린 정부에 대한 중국 인민들의 열망을 수용해야 하는 점을 알고 있다고 하였다.

브르제진스키는 중국인이 어떻게 행동해야 하는 것에 대해 미국이 가르칠 수 있다고 생각하지 않는다 하고, 만약 경제 사회적 마찰이 지정학적 충돌로 악화되지 않는 외교정책을 미국이 가질 수 있다면, 그리고 동시에 만약 미중 관계뿐 아니라 중국의 인근 국가들인 한국, 일본, 인도, 호주, 인도네시아에 이르는 태평양 국가들까지 포함하는 '안정의 틀framework of stability'을 미국이 도출해 낼 수 있다면, 미국과 중국이 함께 사는 방안들이 모색될 수 있을 것으로 본다고 하였다.

'다층적 국가 관계a web of relationships'의 창출, 그리고 중국 본토에서 미국이 밀려나지 않도록 하기 위한, 다원화된 정책이 미국이 앞으로 추진해야 할 정책 방향이며, 이러한 점에서 브르제진스키 안보보좌관은 미중 관계의 장래에 대해 신중히 낙관cautious optimist 한다고 하였다.

섬을 위요한 중국-일본 간 갈등과 미국의 대응

동북아 지역에서 중국은 일본, 베트남, 대만, 필리핀등과 섬을 둘러싼 영토 분쟁의 한가운데 있다. '센카쿠Senkaku' 문제는 일본 정부가 일본 민간인으로부터 센카쿠 섬을 매입하여 국유화함으로써 시작되었다. 중국 정부는 격분하였고 중국인들은 중국내 각지에서 대규모 시위를 벌였다.

낙관론자들은 중국인들의 주 관심은 돈을 모으는 것이므로,

중국의 굴기와 미국의 전략

전쟁에는 관심이 없다고 주장한다. 일례로 중국은 일본의 최대 무역 상대국이며, 중국 정부는 국내적으로 빈발하는 다양한 문제를 해결하는 데에도 어려움이 많은데 해외에서 새롭게 문제를 만들려고 하지 않으며, 더 이상 영토 확장에 관심이 없다고 주장한다.

그럼에도 불구하고 중국과 일본이 센카쿠 섬을 두고 대립하는 것은 양 국민 간의 신뢰를 약화시키는데 크게 기여하고 있는 것에 대해 부인할 수 없다. 중국과 일본내에서 민족주의가 점증하는 것도 충돌 위협을 악화시키는 주 요인이다. 최근 중국내 여론조사에서 중국인 50% 이상은 향후 수년내 중국과 일본 간에 군사적 충돌이 있을 것이라고 예상하였다.

일본과 베트남, 필리핀 등 중국과 영토 분쟁 중인 나라들은 만약 중국에 양보하면, 중국은 더 많은 양보를 요구할 것으로 우려하고 있다. 중국 입장에서는 중국이 굴복하게 되면, 이들 국가들은 중국에 이겼으며 중국에게 무엇이든 요구할 수 있게 되었다고 생각하게 될 것을 우려한다.

동북아 지역에서의 섬을 둘러싼 갈등 문제의 본질은 향후

제1부 미국과 중국 관계

한반도나 대만 해협에서 더 큰 문제가 발생할 경우, 아시아 국가들이 대처 능력이 있느냐에 대해 의구심을 키우게 된다.

섬을 둘러싼 작은 분쟁이 큰 충돌로 확대될 경우, 태평양의 평화와 안정을 위해서는 필요시 군사력도 사용하지 않을 수 없는 미국으로서는 곤혹스러운 상황에 처할 수 있다.

동북아 지역의 다양한 형태의 갈등을 해결하는 데 수십 년이 필요할 수도 있는데 아시아 지역 정치인들은 자신들의 정치적 편의를 위해 민족주의를 부추기는 행태를 중단해야 한다. 일본이 역사 교과서를 정직하게 기술하는 것은 동북아 지역의 신뢰 회복과 갈등 해소에 많은 도움이 될 것이다.

동북아 지역의 갈등 해소와 분쟁 완화를 위해 두 가지 협력 강화 방안과 한가지 '억지력deterrence' 강화 방안을 소개한다.

첫째, 작은 분쟁이 큰 위기로 발전되는 것을 방지하기 위해 분쟁 수역 해상에서 선박 충돌시 선박들의 행동을 규율하는 '행동 수칙code of conduct'을 만들 필요가 있다.

둘째, 모택동 주석이 미중 관계 정상화 시기에 대만 문제를 미루어둔 것처럼, 분쟁 당사국들은 주권이 걸린 영토 분쟁 문제를 잠시 미뤄두는 방안을 검토할 필요가 있다.

셋째, 센카쿠 문제에서 미국은 섬의 주권 문제에 대해서는 입장을 유보했지만, 외부 공격으로부터 섬을 보호할 필요성 등의 문제에서는 비교적 명확히 일본 입장을 지지했는데, 이러한 미국의 입장은 일본, 필리핀, 베트남, 대만, 한국 등 동아시아 지역 국가들의 심리적 안정에 도움을 주었다.

굴기하는 중국의 역할은 중요하다. 중국 지도자들은 중국의 부상이 주변국들에게 위협이 되지 않는다고 주장하면서, 과거에 중국이 당한 역사를 직시해야 한다고 설명한다. 중국과 일본 등 아시아 국가들은 상호 불신을 완화시키는 방안 마련이 절실하다.

계속 학습하고 고민하는 중국 최고 지도부

중국 최고 지도부는 아래 주제로 토론 세미나를 수시로 개최하여 자신들을 교육시키고 있다.

 - 헌법의 중요성과 법치에 대한 이해

 - 세계 경제와 세계화 추세에 대한 이해 제고

 - 군사 기술의 추세

 - 제국주의 국가들의 흥망의 중요성과 관련한 세계사 조망

 - 국제 무역, 투자 및 세계화로 나가는 중국의 중요성

 - 도시화와 경제적 불평등

 - 지적 소유권

 - 과학을 통한 통치

 - 민주주의와 법치

 - 일당 체제의 민주화 방안 등

중국 최고 지도부가 이러한 문제들을 논의하고 있다는 것은 자신들의 잠재력을 알고 있으며, 자신들의 한계를 넘었을 때의 위험성도 잘 알고 있다는 의미이다.

중국 최고 지도부가 계속 학습하고 있다는 말의 의미는 중국이 여러 문제에 직면했을 때 스스로 문제를 조정하고 대처할 수 있는 능력을 키우고 있다는 것이며, 궁극적으로 중국의

중국의 굴기와 미국의 전략

국가 경쟁력이 강해지고 있다는 것을 의미한다.

중국 최고 지도부는 중국이 정치 체제를 일시에 개방할 경우 야기될 국내적 불안정에 대해 두려워하고 있는데, 이러한 점에서 중국 지도부는 북한의 입장을 이해하고 있다고 볼 수 있다.

정치 사회 민주화 분야에서 성공 가능한가

경제 발전을 먼저 추진하고 이어 정치 민주화에 성공한 한국의 사례와 일본의 명치유신의 경우와 같이 경제 발전에 성공한 중국이 국내 정치 사회 민주화를 이루어 낼 수 있을 것인지는 중국에게 부과된 매우 중요한 과제이다.

중국이 큰 동요없이 국내 정치 사회 민주화를 도출해 낼 수 있을 것인지에 대해 중국 최고 지도부내에서 '대 토론big debate'이 계속되고 있다.

중국 지도부가 자유와 질서 그리고 권위 사이의 균형을 어떻게 잡아 가느냐 하는 것과 어떤 속도로 보다 많은 자유를 허용할 것인가 등이 중요한 과제로 보인다.

민주주의는 상대적으로 고립된 사회 세력에 기반해서는 제도화될 수 없으며, '육성 과정nurturing process'이 반드시 필요하며, 또한 '사회적 성숙 조건a societal condition of maturity'도 필요하다.

정치 사회적 민주화를 이루어 갈 수 있느냐의 문제와는 별개로, 중국이 '산업 국가industrally dominent state' 단계에서, 현재의 미국 수준인 '서비스를 제공하는 국가a service providing state' 단계로 발전할 수 있을 것인지의 문제와, 그 다음 단계인 '기술 선도 국가a technologically pioneering state' 단계로 지속 발전해 갈 수 있을 것인지도 관건이다.

중국 경제가 미국을 추월하는 시기

한 국가의 경제력을 파악하는 데는 철강 소비량 등 여러 지표가 있는데, 2011년 기준으로 중국은 미국보다 수출을 30%

중국의 굴기와 미국의 전략

더 했고, 미국보다 에너지를 10% 더 소비하였다.

중국은 2조 달러의 해외 자산을 보유하고 있는 반면, 미국은 3조 달러 규모의 외국으로부터 빌린 부채가 있다.

2000년에 미국의 '국내총생산GDP'은 중국의 8배였는데, 현재 미국의 국내총생산은 중국의 2배에 조금 못 미치는 수준이다.

영국의 「이코노미스트The Economist」지는 향후 10년간 중국의 연평균 실질 국내총생산 성장률을 7.75%, 인플레이션 비율을 4%, 년간 위엔화 평가절상 비율을 3%로 가정하고, 미국의 연평균 실질 국내총생산 성장률을 2.5%, 인플레이션 비율을 1.5%로 가정할 경우, 중국 경제가 2018년에 국내총생산기준으로 미국을 추월할 것으로 예측하였다.

이러한 예측이 적중하기 위해서는 중국이 고성장을 지속해야 하고, 정치 사회적 격변이 없어야 하며, 미국이 저성장을 지속해야 하는 등 여러 가정 조건들이 충족되어야 하는데, 세계적 경기 침체로 중국 경제의 성장 속도도 함께 둔화되고 있어 이러한 예측이 적중할 가능성은 크지 않아 보인다.

2012년 7월 미국 투자 은행인 골드만 삭스는 향후 8년 동안 브라질은 연 평균 5.2%, 러시아는 5.4%, 인도는 6.3%, 중국은 6.9% 성장할 것으로 예측하였다.

그럼에도 불구하고 중국 경제의 지속 고도 성장을 무시할 수 없으며 중국의 군사력 증강도 지속되고 있는 점 등을 고려할 때 세계 정치, 경제, 군사 판도에서 향후 10년간이 매우 중요한 시기가 될 것으로 보인다.

'국내총생산GDP' 기준으로 중국은 기원전부터 지난 2,000여 년 기간 중 1,800년간 동안 전세계 최대 GDP 생산국이었다.

1820년 후반까지도 중국은 서유럽, 동유럽, 미국이 생산한 GDP를 모두 합친 것보다 더 많은, 전세계 GDP 생산의 30%를 초과하는 최대 GDP 생산국이었다. 따라서 조만간 중국이 최대 GDP 생산국 자리를 다시 차지하는 것은 전혀 이상한 일이 아니다.

중국 경제 장래 전망과 관련하여 3가지 다른 견해가 있는데 첫째는 중국은 계속 성장해 왔고 당분간 '더 성장할 여지가 있다plenty of room to grow'는 주장이다. 그 근거로 중국의 저임금 상황이 지속되고 있고, 중국이 투자를 계속하고 있다는 점을 든다.

두 번째 견해는 중국 경제가 불균형으로 인해 현재 수준의 고비율 투자를 지속할 수 없으며, 결국 중국의 경제 성장이 약화될 수 밖에 없다는 주장이다.

세 번째 견해는 중국 경제는 심각한 문제에 직면할 것이나, 중국 정부가 이러한 문제들에 적극 대처하여 해결해 나갈 수 있을 것이라면서, 중국이 투자를 과도하게 하고 있는 것은 아니며, 다만 현명하지 못한 투자를 하는 경향은 있다는 주장이다.

많은 경제학자들이 중국 경제가 심각하게 수출에 의존하는 경제라고 생각하고 있는데, 실제로 중국 경제는 수출보다는 투자에 의존하는 경제다.

경제학자들은 중국 경제의 문제가 과도한 투자에 있기보다는 현명하지 못한 투자에 있다고 본다. 만약 중국의 투자가 감소한다면 중국 경제는 내수 확대 등 가계 소비 부문의 수요처 확대가 필요할 것이다.

중국 경제의 자본 축적이 이루어지면서 인구는 고령화되고 중국의 마을은 공동화되고 저축율은 저하되고 좋은 투자 기회도 줄어들게 된다.

이에 대처하기 위해 중국은 자원을 보다 현명하게 사용할 필요가 있을 것이며, 그러기 위해서는 일부 안정을 희생하더라도 효율성 강화를 위해 금융 시스템을 개혁할 필요가 있다.

향후 10년간 중국을 이끌 '시진핑習近平' 시대의 중국은 '재균형Rebalancing' 전략을 경제의 주요 화두로 삼을 것으로 보인다. 석유, 통신, 금융 등 국영기업의 독점 완화를 통한 민영 기업과의 균형 회복, 투자와 소비간 불균형 해소, 수출과 내수간 불균형 해소 등을 통해 중국의 새로운 성장 동력을 만들어 내는 것이 중요할 것으로 예상된다.

중국의 굴기와 미국의 전략

현재 미국은 주식시장 자본화 비율에서 중국을 4배 앞서 있
고, Fortune Global 선정 세계 500대 기업에 미국 기업의 숫
자가 중국 기업보다 2배 이상이며, 미국이 중국보다 국방비를
5배 더 지출하고 있다.

역사적으로 보면 지구상에서 가장 큰 경제력을 가진 국가는
주요 통화 발권국 역할을 수행했으며, 아울러 국제 질서 수립
에도 큰 발언권을 행사해 왔다.

중국이 수년내 세계 최대 GDP 생산 국가가 된다고 해서 바
로 세계 1등 국가가 되는 것은 아니다. GDP 규모는 경제의 여
러 기준 가운데 하나에 불과하다.

중국이 세계 일류 지도 국가가 되기 위해서는 민주적 다원
주의, 인권, 법치주의, 시장 경제 등 다양한 분야에서 제도적,
시민 사회적 기능과 역할을 강화해 나가야 하는 과제를 안고
있다.

미국, 아시아 중시 정책으로 복귀

2001년 9·11 테러 이후 미국은 10여 년간 이라크와 아프가니스탄에서 대테러 전쟁을 수행했다. 이러한 중동 중시 정책은 공화당 부시 행정부의 대외정책의 근간이었다.

미 오바마 행정부는 이라크 주둔 미군을 2011년 말 철수시켰으며, 아프가니스탄 주둔 미 전투 부대를 2014년까지 철수시킬 계획이다.

2012년 미 행정부는 '아시아 중시 정책pivot toward Asia'을 발표했는데, 파네타 미 국방장관은 2020년까지 6개 함대 그룹을 포함한 미국 해군의 60%가 아시아 태평양 지역에 배치될 것이라고 설명하였다.

미 국방부가 아태지역에서의 새로운 군사 전략으로 발표한 'AirSea Battle doctrine'은 미국이 소련의 서유럽 침공에 대응하는 군사 전략으로 1980년대에 발표한 'AirLand Battle doctrine'과 유사하다.

미국의 'AirSea Battle doctrine'은 중국과의 유사시에 대비하는 미 국방부의 전쟁 대비 계획이다. 미국 정치 지도자들은 중국과의 전쟁은 불가피하지도 않으며 가능성도 없다고 말하지만, 미 국방부는 모든 가능성에 대비하며 군사 작전을 준비하고 계획하고 있다.

중국 해군은 명나라 이래로 중국 본토에서 원양 지역으로 해군을 파견하지 않았다. 중국 해군은 대륙의 연안 방어를 목표로 하고 있는데, 이는 전 세계를 작전 지역으로 해 온 미국 해군과 다른 특징이다.

"중국 해군의 아버지"로 불리는 '류화칭劉華淸'은 1982년 등소평의 지시로 인민해방군 해군 근대화 계획을 마련했는데 이 계획에는 '제1열도선the first island chain'(북쪽으로 알류산 열도와 남쪽으로 대만, 필리핀, 보루네오)을 중국의 해상 방어선으로 구축하는 계획이 포함되어 있다.

중국 해군의 소말리아 해적 퇴치를 위한 원정 파견은 최초의 연안 방어 목표의 예외 사례이다. 최근 중국 해군이 방어 구역을 확대하고, 항공모함을 배치하고 있는데, 연안 방어라

는 중국 해군의 기본 목표가 변하는 것인지를 주시할 필요가
있다.

미 행정부의 아시아 중시 정책 이면에는 중국의 부상이 있
다. 미국은 중국의 부상에 대응하여 아시아 동맹국가인 일본,
한국, 호주 등과의 관계를 강화하고, 인도, 베트남, 아세안
ASEAN, 러시아 등 중국 주변국가 들과의 관계를 증진시키는
노력을 하고 있으며, 버마와의 관계 강화도 모색하고 있다.

특히 미국은 중국에 대응하는 지정학적 강대국인 인도와의
관계 증진을 중시하고 있는데, 2010년 11월 미국 대통령의
인도 방문과 2011년 미 국무장관의 인도 방문 계기에 인도가
동아시아 지역 문제에 대해 보다 적극적인 전략적 역할을 해
줄 것을 주문하고 있다.

인도 일본 간 협력도 강화되고 있는데 미국은 인도 및 일
본과 3자 안보대화를 창설하고 3국 간 안보 협력을 강화하고
있으며, 여기에 호주도 포함시켜 4자 안보대화로 발전시키고
있다.

미국은 2011년 말 이라크 완전 철수에 이어 아프가니스탄에서 2014년까지 미군 전투부대를 철수시킬 예정인데 이러한 미국의 구상에 대해 인도의 우려가 있다.

인도 대외정책의 최우선 순위는 파키스탄인데 인도는 미국이 파키스탄과 긴밀한 아프가니스탄 반군 탈레반 세력과의 협상을 통해 이들을 아프가니스탄내 합법적 정치 세력으로 포용하면서, 아프가니스탄 주둔 미군의 철수를 계획하고 있다.

미국의 이러한 계획이 인도에 우호적인 아프가니스탄 카르자이 정부를 불안하게 하는 요소가 될 수 있음을 인도는 우려하고 있다.

인도는 파키스탄에 적대적인 아프가니스탄 정부 수립 및 중앙아시아 국가들과의 무역 및 에너지 통로 확보가 인도의 안보 이익에 매우 중요하다고 인식하고 있다. 이러한 점에서 인도는 파키스탄에 우호적인 탈레반 세력의 아프가니스탄 복귀에 대해 강한 우려를 갖고 있다.

미국이 아프가니스탄 탈레반 반군 세력과의 협상을 통해 탈레반이 아프가니스탄 정치 과정에 참여하게 되고, 미군 전투 부대가 아프가니스탄에서 철수함으로써 이 지역에 대한 미국의 영향력이 약화되면, 인도는 파키스탄, 아프가니스탄에 대응하기 위해 이란과의 협력을 강화할 것으로 예상된다.

미국은 중국에 대응하는 세력으로 동아시아 문제에 인도가 일정한 역할을 해주도록 유도하고 있다. 이를 위해서는 아프가니스탄에서 인도의 기대를 어느 정도 충족시켜줄 필요가 있는데, 이러한 문제들을 미국이 어떻게 조정해 나갈지 주목된다.

중국의 굴기와 미국의 전략

“

중국 군부는 미군이 인천에서
상륙작전을 전개할 것이라는 것을 미리 예측하였는데,
중국측의 한국전 개입을 위한 준비는 유엔군이
38선을 돌파하기 한달여 전부터 이미 진행되고 있었다.

한국전쟁 과정에서 중국의 새 이데올로기인
공산주의는 이데올로기의 전략적 개념이 아니며,
당대 최강국인 미국을 부인했다는 의지력이며,
또한 새로운 과정을 기획했다는 점이다.

”

1. 한국전쟁

중국의 한국전 개입 준비 과정

키신저 전 미 국무장관은 자신의 저서 『중국에 관하여On China』에서 중국이 한국전쟁에 개입한 이유에 대해 두 가지 설이 있다면서, 첫째는 1950년 10월 초 미군이 38선을 넘어 북진을 결정하고 미군이 북중 국경인 압록강 지역으로 진격했기 때문이라는 주장이며, 둘째는 공산주의자들의 공격성에서 원인을 찾는다는 설이다.

다만, 상기 두 가설이 모두 옳지 않다는 것이 최근 학술 연구 결과인데, 최근 연구 결과에 의하면 모택동은 한반도에서 전략적 계획이 없었으며, 한국전 개입 전에 한반도에서 소련과 세력 균형을 맞추는 문제를 주로 걱정하였고, 한반도에서 군사적으로 미국에 도전할 생각을 하지 않았다는 주장이다.

키신저 장관은 모택동의 한국전 참전을 부추긴 것은 미국의 지상군 파견과 미국이 7함대를 파견하여 대만 해협을 제압한 것이 주된 이유라고 설명한다.

모택동은 최소한 북한의 붕괴를 막을 목적으로, 그리고 최대한 한반도에서 미군을 완전히 몰아낼 혁명적 목적으로 한국전 개입을 위한 계획을 검토하도록 지시를 내렸으며, 한미 양국군이 38선을 넘어 북진하기 훨씬 전부터 모택동은 중국이 개입하지 않으면 북한은 붕괴될 것으로 생각하였다.

압록강 지역으로 진격하는 미군을 저지하는 것은 모택동에게는 부수적인 목표였는데, 모택동은 기습 공격과 여론을 활용할 기회를 엿보고 있었다.

1950년 9월 15일 미국의 인천 상륙작전 성공으로 북한군을 측방 우회 공격함으로써 전장의 상황이 바뀌고 한미 양국군이

38선을 돌파함으로서 중공군의 개입은 점차 불가피해졌다.

일반적으로 중국의 군사 전략에는 3가지 특징이 있는데, 첫째는 장기 추세에 대한 세심한 분석, 둘째는 전술적 옵션에 대한 신중한 검토, 셋째는 군사 행동 결정에 대한 객관적 검토가 그것이다.

주은래는 1950년 7월 7일과 7월 10일 두 차례에 걸쳐 미군의 한반도 파병 조치가 중국에 주는 영향을 분석하기 위해 중국 지도부 회의를 주재하여 한국전 참전을 위한 전략 과정을 시작하였다.

이 회의에 참석한 중국 지도자들은 당초 대만 침공을 위해 결집해 둔 인민해방군을 한반도 국경 지역으로 재배치하기로 하였으며, "동북국경 방어 및 필요할 경우 북한 인민군의 전쟁 작전 지원 준비"를 위한 동북 국경 방어군으로 임무를 다시 부여하였다.

미군이 38선을 돌파하기 두 달전인 7월 말까지 25만여 명의 인민해방군이 중북국경 지역에 집결하였으며, 중국 정치국과 중앙군사위 회의가 8월까지 지속 개최되었다.

한반도에서의 군사상황이 북한군에 유리한 상황이었으며, 전선이 남한내 부산 인근 지역에서 형성되어 있었는데, 인천 상륙작전 6주 전인 8월 4일 북한의 군사적 역량에 회의적이었던 모택동은 중국 정치국 회의에서 "만약 미 제국주의자들이 승리를 거두면 중국을 위협하게 될 것이다. 우리는 북한을 도와야 한다. 이것은 의용군의 형태가 될 수 있다. 우리가 시점을 선택해야 하며, 준비를 시작해야 한다."고 주장하였다.

이 회의에서 주은래는 "만약 미 제국주의자들이 북한을 분쇄하면 그들은 오만하게 되고 평화가 위협받게 될 것이다. 만약 우리가 승리를 보장받기를 원한다면, 우리는 '중국 요소 China factor'를 강화해야 하는데, 중국 요소는 국제적 상황에 변화를 만들어 낼 수 있다. 우리는 장기적 시각을 가져야 한다."고 주장했다.

다음날 모택동은 최고위급 군사령관들에게 8월 내에 준비를 마치도록 하였으며, 한반도에서의 전쟁 작전 수행 명령 하달에 대비하도록 지시하였다.

1950년 8월 13일 중국 인민해방군 13병단은 한반도 임무를 논의하기 위해 고위 군 지도자 회의를 개최하였는데, 회의 참석자들은 중국이 이니셔티브를 잡아야 하고, 북한 인민군과 협력해야 하며, 주저없이 진군해야 하고, 적의 침략의 꿈을 분쇄해야 한다는 결론을 내렸다.

한편 동원 가능한 병력 분석과 도상 훈련이 실시되었는데 최대 동원 가능한 미군이 오십만 명인데 비해 중국은 사백만 명의 병력을 동원할 수 있고, 한반도 전장과 중국의 지리적 인접성으로 인한 병참 이점 등으로 미군에 승리할 수 있다는 결론에 도달하였다.

중국은 소련도 핵무기를 갖고 있고 한반도의 복잡한 지형으로 핵무기 사용 시 미군에 대한 오폭, 낙진 피해 가능성 등을 고려할 때 미국이 핵무기를 사용할 가능성은 없다는 결론을 내렸다.

1950년 8월 26일 주은래는 중앙 군사위 회의에서 중국의 전략을 다음과 같이 요약하였다. "중국은 한반도 문제를 단순히 형제 국가 또는 동북지역 문제로만 보아서는 안되며, 한반도를 중요한 국제 문제로 보아야 한다. 한반도는 세계적 투쟁의 중심인데, 미국은 한반도에서 승리를 거둔 후 베트남과 다른 식민지 국가들에게 관심을 돌릴 것이다. 따라서 한국 문제는 최소한 동아시아 문제의 핵심이다. 우리의 의무는 이제 훨씬 무거워졌다. 우리는 최악의 상황에 대비해야 하며, 신속히 준비해야 한다."

주은래는 보안 유지 필요성을 강조하면서 "우리는 전쟁을 개시할 수 있으며, 적에게 신속한 타격을 줄 수 있어야 한다."고 하였다.

중국 군부의 스터디 그룹은 미군이 인천에서 상륙작전을 전개할 것을 미리 예측하였다. 중국측의 한국전 개입을 위한 조치들은 미군의 인천 상륙작전 개시 수주 전부터 준비되고 있었으며, 유엔군이 38선을 돌파하기 한 달여 전부터 이미 진행되었다.

중국 최고 지도부의 한국전쟁에 대한 인식과 준비 상황을 고려하면 중국의 한국전 개입은 미국의 군사 행동에 대한 반응, 또는 단순히 38선을 방어하기 위한 조치가 아니며, 전략적 추세에 대한 신중한 고려와 평가의 결과인 것이다.

중국의 공세는 아직 구체화되지 않은 위험들에 대한 선제 전략이며, 미국의 궁극적 목표에 대한 중국의 비관적이고 우려되는 판단에 근거한 것이다. 또한 중국의 장기적 계산에서 한반도가 갖는 핵심적 중요성과 역할에 대한 대처 방안이기도 했다.

한국전에 참전하지 않을 경우 모택동은 미 7함대의 대만 해협 배치와 미군의 중북 국경지대 주둔을 허용함으로써 중국의 전략적 환경을 악화시켰다고 중국내 지도자들로부터 비난받을 가능성을 두려워했을 수도 있다.

중국의 개입에 대한 장애 요소들이 너무 크기 때문에 모택동은 최고 지도부 동지 전원의 승인을 필요로 했다. '린뱌오'를 포함한 두 핵심 사령관들이 여러 핑계를 대면서 동북 국경 방어군 지휘를 맡기를 거부함에 따라, '펑덕회' 사령관이 임무를 맡아 준비하고 지휘하도록 조치하였다.

1950년 10월 미군 등 연합군은 유엔 결의에 의거, 압록강

쪽으로 진격하였는데, 인민해방군은 유엔군에 대해 일대 타격을 준비하고 있었다. 이에 반해, 북진하던 유엔군은 그들에게 닥쳐올 혹독한 도전과 시련을 생각하지 못했다.

주은래는 외교적으로 대비하고 있었는데, 9월 24일 중국은 유엔에서 "미국이 한국에서 침략 전쟁을 확대하고 있고, 대만에 대한 무력 침략을 수행하고 있으며, 중국에 대한 침략을 노리고 있다."고 미국을 비난하였다.

10월 3일 주은래는 '파니카Panikkar' 중국 주재 인도 대사에게 미군이 38선을 넘으면 중국은 좌시하지 않을 것이며 개입할 것이라고 설명하고, 이를 인도 수상에게 보고해 줄 것을 요청하였다.

'파니카' 대사는 "38선 돌파가 12시간 내에 이루어질 것으로 알고 있는데 인도 정부가 취할 수 있는 효과적인 조치는 없다."고 대응한데 대해, 주은래는 오늘 저녁 대화의 목적은 네루 수상이 서한에서 제기한 여러 문제들 가운데 하나의 문제에 대한 중국 정부의 입장을 대사에게 알리기 위한 목적이라고 설명하였다. 즉 금번 대화의 목적은 평화를 위한 마지막

중국의 굴기와 미국의 전략

호소가 아니라, 이미 결정된 내용을 기록에 남기기 위한 목적
이었던 것이다.

　북한군이 붕괴되고 있었고, 중국의 개입 준비는 잘 진행되
고 있었으나 이 시점에서 중국의 군사적 개입이 돌이킬 수 없
는 수준은 아니었다. 미군이 원산에서 제2상륙작전을 개시할
것이라는 첩보가 있던 상황에서 스탈린은 중국의 개입을 촉구
하는 메시지를 1950년 10월 1일 모택동에게 긴급히 보냈다.

중국과 소련, 한반도의 전략적 중요성을 높이 평가

　미국 개입의 위험성을 우려한 모택동이 결정을 미루고 있을
때 소련의 스탈린은 만약 중국의 개입에 대해 미국이 대응하
면 소련이 군사 지원을 할 준비가 되어 있다는 내용의 긴급 전
문를 재차 모택동에게 발송했다.

　스탈린은 한반도가 친미 세력으로 통일될 경우 미국, 일본
과 함께 아시아에서 '북대서양조약기구NATO'와 같은 다자 안

보기구가 만들어질 것이며, 이렇게 될 경우 유럽의 NATO와 함께 새로운 위협이 될 것을 우려한 것이다.

그러나 중국이 개입했을 때 스탈린은 모택동에게 약속했던 군사 지원을 하지 않았다. 소련의 스탈린은 한반도에서 미국과 대결하기에는 세력 균형이 소련에 우호적이지 않다고 생각했던 것 같다.

스탈린은 중국의 한국전 개입을 통해 미국의 군사력을 아시아에 묶어 두고, 중국을 소련에 의존하도록 하는 전략을 추구했다.

소련의 스탈린이 2차례나 모택동과 긴급히 연락한 것을 보면 소련과 중국이 한반도의 전략적 중요성을 얼마나 높이 평가했는지 알 수 있다. 모택동은 인민해방군의 북한 지역 진입을 명령하기 전에 린뱌오와 주은래를 소련에 파견하여 소련의 지원 문제를 타진하였다. 당시 스탈린은 휴가차 소련 남부 코커서스 지역으로 내려가 있었기 때문에 주은래를 코커서스로 내려 오도록 했다. 모택동은 소련의 군사지원이 없으면, 중국이 한국전에 개입하지 않을 수 있다는 경고를 소련 스탈린에게 하도록 주은래에게 지침을 주었다.

한국전이 확전되면 중국이 주 전장이 될 수 있기 때문에 중국으로서는 소련의 군사 지원이 긴요했다. 이러한 상황에서 중국의 최고 지도부내 일부 인사들은 우선 순위가 중국 국내 개발에 두어져야 한다는 의견도 개진하였으며, 이 때문에 모택동도 잠시 한국전 개입을 망설였던 것 같다.

모택동이 한국전 개입을 망설인 것이 한국전쟁에 개입하기 전에 소련의 지원을 담보하기 위한 책략인지, 아니면 정말 결정을 못 내린 것인지는 지금도 알기 어렵다.

중국 지도부내 분열 징후는 1950년 10월 2일 밤 모택동이 스탈린에게 보낸 전문에서도 알 수 있는데, 상호 충돌하는 대립적인 전문이 북경과 모스크바 문서고에 보관되어 있다.

첫 번째 전문은 북경 문서고에 보관되어 있으며 모택동이 직접 쓴 전문인데 실제 소련에 송부되지는 않은 것으로 보인다.

이 전문에서 모택동은 중국이 인민의용군 이름으로 한반도에 파병하기로 결정했다면서, 중국의 개입 없이는 북한군은 완전한 패배에 직면할 것이며, 미국의 침략자들은 저항없이 한반도를 완전히 장악할 것이라고 주장하였다.

모택동은 중국은 미국에 대한 전쟁 선포에 대비해야 하며, 미 공군의 중국 도시와 산업시설 포격과 미 해군의 중국 해안 지역 공격에 대비해야 한다고 주장하였다.

모택동은 중국의 계획은 10월 15일까지 12개 사단을 중국 남만주에 파병하는 것이라고 하면서, 초기 단계에 인민해방군은 38선 이북 지역에 배치되어 38선을 넘어오는 적군과 방어적인 자세로 교전에 임할 것이며, 소련 무기들이 전달되기를 기다릴 것이라 하고, 인민해방군이 소련제 무기로 무장하면 북한군과 협력하여 미국 침략자들을 분쇄할 수 있을 것이라고 주장하였다.

두 번째 전문은 중국 주재 소련 대사를 통해 소련측에 전달된 모택동의 10월 2일자 전문(러시아 대통령 문서고에 보관)인데, 이 전문에서 모택동은 중국은 한반도에 인민해방군을 파병할 준비가 되어 있지 않다고 스탈린에게 통보하였다.

모택동은 이 전문에서 추가적인 소련의 군사 지원 약속이 필요하다고 하면서, 중국은 소련과의 추가 협의 후 기꺼이 파병할 가능성을 언급하였다. 학자들은 상기 첫 번째 전문을 그간 유일한 문서로 연구해 왔는데 두 번째 전문이 나오자 둘 중 하나는 허위 문서일 것으로 의심하였다.

가장 진실에 근접한 해석은 모택동이 첫 번째 전문을 작성하였고 송부하려 했는데 이에 대해 중국 지도부가 의견 일치를 보지 못하였고 따라서 좀더 모호한 두 번째 전문으로 대체되었다는 것이다.

상기 두 전문 내용의 차이는 중국 지도부가 최종적인 파병 결정을 내리기 전에, 소련으로부터 확실한 군사 지원 약속을 받아내는 것이 필요하며, 이를 위해 일정 기간 동안 최종 결정을 연기시키면서 논의를 계속할 것임을 암시하는 것이다.

스탈린과 모택동은 모두 권력 정치의 달인들인데, 이번에는 스탈린이 한 수 위였다. 스탈린은 최선의 선택은 북한군 등 잔여세력을 끌어모아 중국에서 김일성 주도로 망명 정부를 구성하는 것이라고 모택동에게 냉정하게 통보하였다.

스탈린은 소련은 이미 유럽에서 미국과 대치하고 있기 때문에, 추가로 아시아에서 미군과 대치하는 것에 대해 개의치 않는다는 태도를 보였다.

중국의 선택은 압록강을 두고 미군과 대치하느냐 또는 군사 지원 약속을 유보하면서 만주에 대한 소련의 권리를 재차 주장할 소련과 거래를 해야 하느냐의 문제였다.

모택동은 소련의 계획으로부터 중국을 보호하기 위해서라도 한국전에 개입해야 하는 모순적 상황에 처하게 되었다.

소련의 군수 지원 약속을 기다리느라 며칠이 지연되면서, 모택동은 인민해방군에게 북한 국경을 넘어 북한으로 들어가도록 10월 19일 지시하였다.

스탈린은 미국과의 직접적인 군사적 대결에는 개입하지 않는다는 조건(일례로 만주 지역에 대한 공군 지원은 가능하나 한반도에 대한 공군 지원은 불가)하에 모택동이 요구한 상당한 군수 지원을 약속하였다.

두 공산주의 지도자들은 상호 필요성과 상호 불안감을 서로
이용하였는데 모택동은 인민해방군을 현대화시키는데 필요한
소련 군수 물자 확보에 성공한데 비해, 스탈린은 한반도에서
중국과 미국이 전쟁을 하도록 하는 성과를 거두었다.

중국측 통계에 의하면 중국은 한국전쟁 기간 동안 소련으로
부터 육군 64개 사단과 공군 22개 사단을 무장시킬 수 있는
군수 물자를 확보했다고 한다.

중국과 소련, 상호 불신

중국 본토를 공산화 시킨지 불과 2달 후인 1949년 12월 16
일 모택동은 모스크바를 방문하였다. 도착 당일 이루어진 스
탈린과의 회담에서 모택동은 피폐해진 중국 경제를 회복시키
기 위해 최소 3~5년간은 평화가 필요하다고 주장하였다.

그러나 모택동의 소련 방문후 불과 6개월여 만에 중국은 김
일성의 남침으로 한반도에서 미국과 전쟁을 시작하게 되었다.

소련의 스탈린은 중국의 모택동을 지원할 의사가 처음부터 없었다. 왜냐하면 스탈린은 유고슬라비아 지도자 '티토'가 소련의 지도력에 따르지 않고 독자 행동을 하는 것을 불쾌하게 생각했는데, 스탈린은 모택동이 아시아의 '티토'가 될 것으로 보았다.

1949년 당시 모택동은 소련으로부터 최대한 경제적, 군사적 지원을 얻어내려 했고, 소련과 동맹관계가 되는 것이 목표였다.

1930~40년대 중국이 일본과 오랜 투쟁을 전개하고 있을 때 스탈린은 중국 공산당의 잠재력을 인정하지 않았으며, 농촌과 농민을 기반으로 한 모택동의 전략을 낮게 평가하였다.

소련은 장개석 국민당 정부와 공식 관계를 계속 유지했는데, 일본과의 전쟁 끝 무렵인 1945년 스탈린은 장개석에게 중국 만주와 신장 지역에서 소련의 특권적 지위를 인정하도록 요구하였다.

소련은 실질적으로 중국 내몽고를 통제하에 두면서, 명목상으로는 내몽고 독립인민공화국으로 하였으며, 중국 신장 지역

중국의 굴기와 미국의 전략

의 분리 독립주의자들을 지원하였다.

소련의 스탈린은 1945년 얄타 회담에서 루즈벨트 미국 대통령과 처칠 영국 수상에게 대일전쟁에 소련이 참여하는 조건으로 중국 여순과 대련항을 포함한 만주에 대한 소련의 특권적 지위를 국제적으로 인정해야 한다고 주장하였다. 1945년 8월 소련과 중국 국민당 정부는 얄타 협정 내용을 확인하는 조약에 서명하였다.

이러한 배경을 고려할 때 스탈린과 모택동의 두 공산권 거두의 만남이 공산주의 이데올로기에 기반한 따뜻한 포옹이 되기 어려웠던 것은 자명했다.

1949년 12월 16일 모택동의 스탈린 면담시 모택동은 당분간 평화가 유지되어야 하며 중소가 군사동맹관계가 되어야 함을 강조했으나, 스탈린은 평화의 전망을 확인하면서도 모택동이 제기한 중국에 대한 긴급 원조와 중소 군사동맹 체결 문제에 대해서는 즉답을 회피하였다.

스탈린은 미국과 영국에게 소련이 1945년의 얄타 협정을 수정하려 한다는 인상을 주어서는 안된다고 하면서, 중국 공산당 정부와의 새로운 조약 체결은 불필요하며, 장개석과 기 서명한 조약으로 충분하다고 모택동에게 설명하였다. 한 달간 옥신각신 후 중소 양국은 상호 지원에 관한 군사 동맹 조약을 1950년 2월 14일 서명하였다.

스탈린은 동맹 조약 체결 조건으로 일본과의 평화협정이 서 명될 때까지 중국의 여순과 대련항을 소련 해군이 계속 사용해 야 한다고 주장하였다. 모택동이 소련과의 군사동맹 조약 체 결을 위해 치른 대가는 혹독하였는데, 스탈린은 중국 만주와 신쟝 지역의 광산 및 철도 이용권과 내몽고 독립 인정, 대련항 이용권, 1952년까지 여순 해군 기지 이용권 등을 요구하였다.

1953년 스탈린이 사망한 후 모택동은 스탈린 후임인 후루 시초프 소련 공산당 서기장에게 스탈린이 중국으로부터의 많 은 양보를 얻어내, 중국을 준準식민지화하려고 했다고 심각하 게 불만을 표시하였다. 스탈린으로서는 소련 동쪽에 잠재적으 로 강력한 이웃이 출현하는 것은 지정학적으로 악몽이었다.

어떤 소련 지도자도 3천 2백 킬로미터의 국경을 접하고 있

고, 우랄 이동 시베리아 지역에서 소련의 3천 5백만 인구와
중국의 5억 인구의 엄청난 인구학적 불균형 현실을 무시할 수
없었다.

한국전쟁 직전 미국 상황

에치슨 미 국무장관은 1950년 1월 12일 '미 언론협회National
Press Club' 연설에서 새로운 대아시아 외교 정책을 발표했는
데, 미국은 중국 내전에 관여하지 않으며, 중국 공산화는 중국
국민당의 정치적, 군사적 무능력의 결과이고, 중국 공산주의
자들은 이러한 기회를 교묘히 이용하였다고 주장하였다.

에치슨 국무장관은 장기적으로 소련이 중국의 분열을 촉진
하고 위협하는 국가가 될 수 있음을 시사하였으며, 또한 중국
이 소련의 노선에서 이탈하여 독자 노선(티토 주의)을 선택할
수 있음을 암시하고, '중국의 영토 보전integrity of China'이 미
국의 국익과 일치한다고 주장하였다.

트루만 미 대통령은 1950년 1월 5일 언론과의 회견에서 미

국 정부는 대만에 대해 군사 지원을 하지 않을 것이라고 하였는데, 중국 공산당 정부에 대한 미국 대통령의 이러한 우호적 발언은 전례가 없는 것이었다.

에치슨 미 국무장관의 연설에 발끈한 소련의 스탈린은 중소 동맹조약 협의를 위해 중국을 방문 중이던 비쉰스키 소련 외교장관에게 모택동을 면담하여 에치슨 미 국무장관의 연설을 반박하고 중국으로 하여금 에치슨 연설 내용을 비난하도록 지시하였다.

모택동은 소련 외교장관의 요청에 답하지 않고, 연설문 사본을 요청하면서, 배석한 중국 관리들에게 에치슨이 그러한 언급을 한 동기를 알아보도록 지시하였다.

며칠 후 모택동은 에치슨을 비난하는 성명 발표를 승인하였으나, 소련이 외교장관 명의 비난 성명을 발표한 것과는 대조적으로, 중국 관영 통신 사장 명의로 중국 입장을 발표하도록 하였다.

중국의 성명 내용은 에치슨 미 국무장관의 발언을 비난하는

중국의 굴기와 미국의 전략

것이었지만, 발표 형식을 달리함으로써 중국이 계속 선택권을
가질 수 있도록 하였다.

1956년 12월 모택동은 중국이 소련으로부터 독자적 입장을
취할 가능성에 대한 자신의 심정을 다음과 같이 완곡하게 언
급하였다.

"중국이 소련과 함께 가야 한다는 것에 대해 의구심을 갖는
사람들이 있는데 이들은 중국이 소련과 미국의 중간 입장에
서야 하며, 그러한 정책을 취할 때 중국은 보다 유리한 입장이
될 것이라고 믿고 있다. 하지만 중국이 소련으로부터 완전히
독립적이기는 어려우며, 미국을 신뢰하기도 어렵다. 제국주의
국가인 미국이 중국에 조금은 줄 수 있을 것이나, '완전한 한
끼 식사full meal'를 주겠는가."

스탈린과 모택동, 김일성의 남침 계획 승인

1949년 6월 남한에서 미군이 철수하면서 김일성은 스탈린

과 모택동에게 남침을 승인해 주도록 요청했는데, 스탈린과 모택동은 처음에는 김일성의 요청에 호의적이지 않았다.

모택동은 남침 시 미국의 개입 위험이 크다고 판단하였으며, 따라서 중국이 대만을 정복하여 완전한 중국 통일을 달성한 이후로 남침 계획을 연기할 필요가 있다고 생각하였다.

김일성은 공산주의자들에 의한 2차례의 군사적 공격(대만과 남한)을 미국이 용납하지 않을 것으로 확신하였기 때문에, 중국이 대만 공격을 개시하기 전에 먼저 남침을 개시해야 한다고 생각하였다.

1950년 4월 김일성의 모스크바 방문 시 소련의 스탈린은 태도를 바꾸어 김일성의 남침 계획을 승인하였는데 이를 입증하는 소련 외교 문서 내용은 다음과 같다.

"스탈린 동지는 한국 통일에 대해 보다 적극적인 입장을 취할 수 있을 만큼 국제 환경이 충분히 변했음을 김일성에게 확인하였다. 1950년 2월에 중국이 소련과 군사동맹 조약에 서명하였으므로, 미국은 아시아에서 공산주의자들에 도전하기

중국의 굴기와 미국의 전략

가 훨씬 더 망설여질 것이다. 미국 워싱턴으로부터 보고되는 정보에 의하면 정말 그러하다. 이제 소련이 핵무기를 갖게 되어 평양에 대한 소련의 입지는 더욱 강화되었다."

스탈린이 당초 입장을 바꾸어 김일성의 남침을 승인한 이유에 대해서는 두 가지 다른 설명이 있다.

첫째는 에치슨 미 국무장관의 연설이 영향을 미쳤다는 것이다. 둘째는 중소 동맹조약 체결 시 모택동은 중국내에서의 소련의 특권적 지위는 오래가지 않을 것이며, 대련항에 대한 소련의 사용권도 한시적이라는 점을 수차례 설명하였는데, 스탈린은 한국이 공산화되면 한반도에서 소련 해군의 활동권이 넓어질 수 있다는 기대를 갖고 있었다.

스탈린은 소련은 유럽 지역에 많은 관심을 두어야 하기 때문에 남침 시 소련으로부터 지원을 기대하지 말라고 하면서 모택동에게 모든 지원을 요청해야 한다고 김일성에게 설명하였다.

스탈린은 결국 남침으로 야기되는 모든 위험은 중국에 떠넘기고 한반도 공산화로 인해 발생되는 지정학적 이익은 챙기려 한 것으로 보인다.

북한의 남침 계획에 대한 중국과 소련 간의 직접 대화 내용에 대한 기록은 없으나, 인민해방군에서 근무했던 조선족 군대 5만 명을 무장시켜 북한에 보내는데 모택동이 동의함으로써, 남침 계획에 대한 김일성의 입지는 크게 강화되었다.

김일성 극비리 중국 방문, 남한 침공 협의

한국전쟁에 관한 미국내 논의에 있어서 에치슨 미 국무장관은 1950년 1월 대아시아 정책에 관한 연설을 통해 태평양에서 한국을 미국 방어선에 포함시키지 않음으로서 북한의 침략을 초래하는 결과를 가져왔다는 점에서 광범위하게 비난받았다.

에치슨 연설 이후 미국은 한국으로부터 대다수 미군을 철수시켰다. 김일성은 모택동과의 비밀 회담을 위해 1950년 5월 13~16일간 중국을 극비리에 방문하였는데, 도착날 저녁 모택동과의 회담에서 김일성은 남침 계획에 대해 스탈린이 승락

중국의 굴기와 미국의 전략

하였다고 모택동에게 설명했다.

모택동은 김일성에게 남침 시 미국의 개입 가능성을 문의하였고, 김일성은 미국이 개입하지 않을 것이며, 개입하더라도 북한은 남침 작전을 2~3주 내에 끝낼 수 있기 때문에 미국이 군대를 보낼 시간이 없을 것이라고 장담하였다.

모택동은 만약 북한이 중국의 군사 지원이 필요할 경우 3개 군단을 중북 국경 지역에 배치할 것이라고 한데 대해, 김일성은 북한군과 남한내 북한 지원 게릴라들과의 협력으로 전쟁을 조기에 끝낼 수 있으며, 중국의 군사 개입은 불필요하다고 자신있게 말했다.

모택동에게 김일성의 자신감은 충격적이었다. 모택동은 면담을 일찍 끝내고 스탈린의 긴급 회신을 요청하는 전문을 모스크바에 보내도록 주은래에게 지시하였다. 다음날 모택동에게 모든 책임과 부담을 전가하는 아래 내용의 스탈린 명의 회신 전문이 도착하였다.

"한반도 통일에 관한 조치 계획은 궁극적으로 중국과 북한이 함께 결정해야 할 사안이며, 중국 동지들이 동의하지 않을 경우 이 문제에 관한 결정은 추가 논의를 전제로 연기되어야 한다."

김일성의 남침을 소련이 묵인한 것과 관련하여, 모택동은 추후 중국이 대만을 공격할 경우 소련이 중국을 지원하는 선례가 될 것으로 계산했을 수도 있는데, 만약 그렇게 생각했다면 모택동의 중대한 계산 착오였을 것이다.

왜냐하면 만약 미국이 북한의 남침에 개입하지 않는다 하더라도 미국내 여론은 공산주의자들이 대만 해협에서 군사적 도발을 재차할 경우 트루만 행정부가 공산주의자들의 군사 행동을 더 이상 좌시하지 않았을 것이기 때문이다.

스탈린은 북한의 남침에 대한 소련의 개입 위험을 제한하기 위해 남침 직전에 모든 소련 군사 고문단을 북한으로부터 철수 시켰는데, 북한군의 전력 약화가 야기된다는 불만이 제기되자, 군사고문단 요원들을 소련 관영 타스 통신원으로 위장시켜 다시 북한에 복귀시켰다.

중국과 소련은 이후 김일성의 남침을 어느 쪽이 허락해 주었는지에 대해 의견 합치에 이르지 못하고 있다.

1960년 6월 루마니아 수도인 부쿠레슈티에서 후루시초프 소련 공산당 서기장은 팽첸 중국 공산당 정치국원에게 "만약 모택동이 동의해 주지 않았더라면, 김일성은 그가 했던 것을 하지 않았을 것이다."라고 주장했다. 이에 대해, 팽첸 중국 공산당 정치국원은 "모택동은 반대했으며, 따라서 그런 주장은 전적으로 잘못된 것이다. 전쟁에 동의해 준 것은 스탈린이었다."고 반박하였다.

미국과 중국, 상대방의 전략적 의도를 지속 오판

한국전에 대한 미국의 즉각 개입 결정은 소련과 중국 지도자들을 놀라게 했다. 소련과 중국 지도자들은 미국이 한국전쟁을 중국 내전과 연계시키는 것에 대해서도 놀랐다.

한국전 발발 이틀 후 트루만 대통령은 미 7함대의 대만 해협 진입을 명령하였는데 이러한 조치는 한국전에 대한 미국내의 격앙된 여론을 완화시키고, 지상군 파견에 대한 미 의회의 압도적 지지를 얻어 내기 위한 조치였다.

미국의 지상군 파견은 부산을 중심으로 방어선을 구축하고 북한의 남침을 저지하기 위한 것이었는데, 이러한 조치는 유엔 안보리 결의안에 의해 정당성을 확보하였다.

당시 모택동은 대만을 침공하기 위해 중국 남동 지역으로 군대를 집결하고 있던 상황이었다. 모택동은 한국전 발발 이틀 후에 이루어진 미 7함대의 대만 해협 재배치를 "아시아에 대한 침략"으로 규정하였다.

북한 남침시 미국은 이에 대한 군사적 대비가 없었다. 미국은 유엔을 통해 북한의 침략 행위를 규탄하였는데, 당시 미국 정부의 모든 관심은 부산 지역을 방어하는 것이었다.

1950년 9월 15일 맥아더 사령관의 인천상륙작전 성공 후 트루만 행정부는 한국 통일까지 군사 작전을 계속 한다는 옵션을 선택했다. 1950년 10월 7일 유엔은 총회 결의 'the

중국의 굴기와 미국의 전략

Uniting for Peace Resolution'를 통해 유엔군이 북한 지역에서 군사 작전을 지속하는 것을 승인하였다.

중국과 미국은 서로 상대방의 전략적 의도를 잘못 해석하여 한반도에서 충돌하게 되었는데, 미국은 유엔과 같은 국제 질서 개념을 중국이 받아드릴 것을 요구한 반면, 중국은 중국의 발언권이 없는 유엔과 같은 국제 체제의 결정을 수용할 생각이 없었다.

중국은 처음부터 일본의 만주 점령 시 북부 중국 침략 기지이며, 전통적인 중국 침략 루트로 이용된 북중 국경 지역에 대한 미군의 주둔을 묵인할 생각이 없었다.

중국은 대만 해협과 한반도의 두 전략 지역에서 후퇴할 생각이 없었는데 이런 상황에서 상대 의중을 판단하는데 있어 미중 양측간 오해가 증폭되었다. 미국은 북한의 남침을 예측하지 못했고, 중국은 미국의 즉각적 개입을 예상하지 못했다.

이후 미중 양측의 행동은 상대방에 대한 오해를 더욱 강화시켰는데 그 결과 한반도에서 대규모 전쟁을 치렀으며 이후

20년간 냉전 상태가 지속 되었다.

　미국은 유엔군이 38선을 넘을 경우 중대 상황이 야기될 수 있다는 중국의 일련의 경고를 무시했다. 미중 어느 쪽 문서에도 외교적 옵션에 대한 진지한 논의가 있었다는 기록은 없으며, 주은래가 주재한 중앙 군사위 또는 정치국 회의에서도 외교적 옵션을 검토했다는 기록은 없다.

　일반 대중의 인식과는 달리 중국이 미국에게 38선을 넘지 말도록 경고한 것도 거의 확실히 미국의 주의를 다른 데로 돌리기 위한 술책에 지나지 않았다. 그 시점에 이미 모택동은 중국계 조선인으로 구성된 인민 의용군을 중국 남부 지역에서 만주 지역과 북중 국경 지역으로 이동시켜 10월 19일 북한으로 진입시켰다.

　미국과 중국 간의 즉각적인 전투를 방지할 수도 있었던 거의 유일한 기회는 모택동이 당시 모스크바에 체재하고 있었던 주은래에게 보낸, 모택동의 전략적 계획을 알 수 있는 아래 메시지인데, 이러한 지시가 있었던 10월 14일은 인민해방군이 북한 진입을 개시하기 5일 전 시점이었다.

"중국 인민해방군은 시간이 충분하다면 훈련을 통해 방어 역량을 강화시킬 수 있을 것이다. 만약 미군이 평양-원산 라인을 강력히 방어한다면 그리고 향후 6개월간 미군이 북쪽 지역으로 진격하지 않는다면 인민해방군은 평양-원산 라인을 공격하지 않을 것이다. 지상군과 공군에서 명확한 우위를 점하고, 중국 군대가 잘 무장되고 훈련되어 있다는 전제하에서만 평양과 원산을 공격할 것이다. 향후 6개월간 우리는 공격적 자세를 취하지 않을 것이다."

물론 인민해방군이 향후 6개월 동안 공중전에서 우위를 점할 가능성은 없었다. 만약 유엔군이 평양-원산 라인에서 공격을 멈추었더라면 평양-원산 지역에서 모택동의 전략적 우려에 부응하는 완충지대가 형성될 수 있었을까.

당시 중국에 대한 미국의 외교적 노력이 있었더라면 상황이 달라졌을까. 중국 인민해방군의 한반도 투입을 활용하여 소련제 무기로 인민해방군을 재무장시키는 방안에 대해 모택동이 만족했을까. 모택동이 주은래에게 언급한 6개월간의 휴식기 동안 아마도 외교적 접촉의 기회가 가능할 수도 있었을 것이며, 군사적 경고를 할 수도 있었을 것이고, 모택동이나 스탈린의 생각이 바뀔 수도 있었을 것이다.

북중 국경지역에 대한 모택동의 혁명적이고 전략적인 의무를 생각할때, 평양-원산 라인에 대한 완충 지대 설정은 거의 확실히 모택동의 아이디어는 아니었던 것으로 보인다.

스탈린은 한국전쟁이 오랫동안 지속되는 것을 이상적으로 생각했었는데 실제 전쟁은 스탈린이 희망했던 대로 지속되었다. 전쟁은 3년간 계속되었으며 1953년 7월 27일에야 정전협정이 서명되었다.

한국전쟁 결과 미국, 중국, 소련 어느 쪽도 목표를 완전히 달성하지는 못했다. 북한의 침략은 저지되었으나 매우 약한 상황에 있던 중국이 핵무기로 무장한 초 강대국과 전쟁하여 미국의 압록강 진격을 격퇴하고 휴전하게 되었다. 우방국을 보호한다는 미국의 신뢰는 유지되었으나 전쟁의 목표에 대한 미국내 의견 불일치도 노출되었다.

맥아더 사령관은 승리를 추구한 반면, 미 행정부는 미국을 아시아로 끌어들이려는 스탈린의 계략으로 판단하였다. 이러

중국의 굴기와 미국의 전략

한 판단에 따라 미국은 한국전쟁을 군사적 무승부로 해결하려
고 하였다.

미국은 정치적, 군사적 목표들을 조화시킨다는 점에서 역량
부족을 노출시켰다. 중국, 소련 등 아시아의 도전자들에게 미
국내 정치의 영향으로 미국이 명확한 군사적 목표와 결과에
대한 별다른 생각없이 전쟁에 임했다고 믿게 하였다.

한국전쟁 결과 중국도 전통적인 군사적 의미에서는 당초 목
표를 완전히 달성하지는 못하였다. 모택동은 당초 중국이 호
언한데로 미 제국주의자들로부터 한반도를 완전히 해방시키
지 못하였다.

그러나 모택동은 '새로운 중국'을 시험한다는 다소 추상적이
고 낭만적인 목표하에 한국전쟁에 참여했으며, 또한 역사적으
로 중국은 약하고 수동적이라는 국제적 인식을 불식시키기 위
한 목적도 있었다. 소련과 서방에는 중국이 국익을 위해 군사
력을 사용할 수 있는 강대국임을 입증하기 위한 목적도 있었
고, 아시아에서 공산주의 운동에 대한 중국의 지도력을 과시
하기 위한 목적도 있었다.

　모택동은 한국전쟁을 통해 미국이 궁극적으로 중국을 공격
하려 한다고 생각했으며, 따라서 모택동이 적기라고 판단한 시
점에 한반도 북쪽 지역에서 미군을 공격했다는 의미도 있다.

　중국의 새 이데올로기인 공산주의가 기여한 것은 이데올로
기의 전략적 개념이 아니며, 최강국(미국)을 부인했다는 의지
력이며, 또한 새로운 과정을 기획했다는 점이다.

　키신저 전 미 국무장관은 중국에게 있어 한국전쟁은 무승부
이상의 어떤 것이라고 할 수 있다면서, 한국전쟁을 통해 새로
출범한 중국을 아시아 혁명의 센터 그리고 군사 강국으로 확
립시켰으며, 두려움과 존경을 받을 가치가 있는 적으로써 중
국의 군사적 신뢰성을 전 세계에 확고히 하는 계기가 되었다
고 분석하였다.

　중국은 한국전쟁 개입을 통해, 추후 미국이 베트남전을 수
행하는데 있어 미국의 인도차이나 반도에서의 군사 전략을 현
저히 제한하는 효과를 가져왔다. 반면, 한국전쟁의 최대 패자
는 김일성에게 전쟁을 해도 좋다는 사인을 주고 중국의 대규
모 개입을 협박한 소련의 스탈린이었다.

중국 본토에서 공산주의자들의 승리를 미국이 묵인한 것에 자극받은 스탈린은, 김일성이 한반도에서 그러한 패턴을 반복할 수 있다고 계산했는데, 한국전에 대한 미국의 즉각적인 군사적 개입이 그러한 스탈린의 목표를 좌절시켰다.

스탈린은 미중 간의 적대 관계 지속을 유도하고, 중국의 소련 의존을 심화시키기 위해, 모택동의 한국전 개입을 촉구했다. 스탈린의 전략적 예측은 정확했는데 결과에 대한 평가는 심각하게 틀렸다.

중국의 소련에 대한 의존은 양날의 칼인데, 한국전쟁 기간 중 소련이 중국을 소련제 무기로 무장시킨 것은, 중국이 군사적으로 독자적으로 설 수 있는 기간을 단축시킨 측면이 있다.

스탈린이 부추긴 미중 간 분열은 중소 관계 개선으로 이어지지 않았으며, 중국이 소련으로부터 독립 노선을 택할 가능성도 줄어들지 않았다. 반대로 모택동은 미소 두 초강대국을 중국이 동시에 부인할 수 있을 것으로 계산하였다. 모택동은 미국과 소련 간의 갈등이 너무 심각하여 냉전 시기에 소련을 지지해도 그 대가를 치를 필요가 없다고 판단했을 것이다.

　1953년 한국전쟁이 끝날 무렵부터 중소 관계가 악화되기 시작했는데, 1954년과 1958년 2차례에 걸쳐 발생한 대만 해협 위기와, 중국-인도 간의 1962년 국경 충돌, 소련과 중국 간의 1969년 우수리강 국경 충돌을 거치면서, 긴 국경을 맞대고 있는 중국과 소련은 상호 화해하기 어려운 적이 되어 가고 있었다.

중국의 굴기와 미국의 전략

2. 대만 해협 위기

모택동 방식의 선제 기습 공격

모택동은 항상 주도권을 장악하려고 하였으며 따라서 예외 없이 주변국과의 분쟁시 선제 기습 공격을 하였다.

서방적 개념의 선제 공격이 승리를 추구하고 군사적인 이득을 취하기 위한 것이라면, 모택동의 선제 공격은 정치적, 심리적 요소를 중시하는 것이다.

적에게 군사적 일격을 가하기보다는 심리적 균형을 변화시키고, 적을 패배시키기 위해서 라기보다는 자신의 위기 상황을 변화시키기 위한 것이다.

1954년과 1958년에 각각 발생한 두 차례의 대만 해협 위기, 1962년 인도와의 국경 충돌, 1969년 우수리강 지역에서의 소련과의 충돌, 1979년 베트남 침공시 공통적인 모택동 방식의 선제 전략의 특징은 기습 공격 후 정치적 해결책을 모색한다는 것이다.

중국식 선제 전략 개념이 서방 개념의 선제 전략과 충돌하게 되면 악순환으로 결과될 수 있는데, 중국이 방어적이라고 생각하는 조치가 서방에게는 공격적으로 인식될 수 있으며, 중국에 대한 서방의 억지 전략이 중국에게는 포위로 해석될 수 있다.

미국과 중국은 냉전 기간 내내 이러한 딜레마와 씨름해야 했는데 어떤 점에서 미중 양국은 아직도 이를 극복하는 방안을 찾지 못하고 있다고 할 수 있다.

중국의 굴기와 미국의 전략

1차 대만 해협 위기

1953년 한국전쟁이 끝난지 약 1년 후인 1954년 8월 제1차 대만 해협 위기가 발생했다.

대만의 '금문도金門島, Quemoy'와 '마조도馬祖島, Matsu'는 중국 본토의 '샤먼夏門'과 '푸저우福州'로부터 불과 3.2 킬로미터 밖에 떨어져 있지 않는데 반해, 대만과는 160 킬로미터 이상 떨어져 있는 섬들인데, 대만 입장에서 보면 1차 방어기지이며, 또한 중국 본토 수복을 위한 전진 기지 역할을 하는 섬들이다.

중국 인민해방군은 1949년에도 이 섬들을 공격했지만 대만군의 강력한 저지를 받은 바 있었다. 한국전쟁이 발발하자 트루만 대통령은 미 7함대를 대만 해협으로 파견하였고, 모택동은 대만 공격 계획을 무기한 연기시켜야 했다.

트루만 대통령 후임으로 취임한 아이젠하워 대통령은 1953년 2월 2일 대 의회 연설에서 "미국은 한반도에서 미군과 싸우고 있는 나라를 보호할 의무가 없다."고 선언하고, 미 7함대의 대만 해협 '재배치redeployment' 계획을 발표하였는데 중국은 미국의 공세적 조치를 비난하였다.

아이젠하워 대통령의 7함대 재배치 결정으로 대만 해협에 새로운 긴장이 조성되었는데, 대만은 금문도와 마조도에 수천 명의 병력과 군장비들을 추가로 배치하였다.

아이젠하워 정부가 '남동아시아 안보조약기구SEATO' 창설 문제 및 대만과의 상호방위조약 체결 문제 등을 협의함에 따라 중국과 대만간의 긴장은 더욱 고조되었다.

도전에 직면한 모택동은 일반적으로 예상치 못한 가장 난해한 방안을 선택했는데, 덜러스 미 국무장관이 '남동아시아 안보조약기구SEATO' 창설 문제 협의를 위해 마닐라를 방문하는 시점에 맞추어, 모택동은 금문도와 마조도에 대규모 포격을 명령하였다.

금문도에 대한 모택동의 기습 공격은 대만의 독립 추구에 대한 경고와, 아시아 다자 안보 체제 구축을 위해 노력하는 미국의 의지를 시험하는 의미가 있었다.

금문도에 대한 중공군의 대규모 포격으로 대만군과 민간인, 종군 기자, 미 군사고문단 영관급 장교 2명 등 대규모 인명 피해가 발생했는데, 이에 대응하여 미국은 3개 전투 선단을 대만 인근 해협으로 파견하는 대응 조치를 취했다. 또한, 중국 본토에 대한 대만군의 대응 포격을 허용하였으며, 미 합참은 위기가 확대될 경우 중국 본토에 대한 전술 핵무기 사용 계획도 대비하였다.

이와 함께 미국은 조그만 두 개 섬의 위기가 더 이상 확대되지 않도록 유엔 안보리에서 휴전 결의안이 나오도록 조치하였다.

1954년 대만 해협 1차 위기 시 중국은 대만 본토를 직접 위협하지 않았으며, 미국도 중국과 대만간의 지위 변경을 원하지 않았다. 1차 대만 해협 위기는 미중간 대립으로 비화되지는 않았으며, 오히려 미중간 미묘한 위기 관리 훈련의 의미가 있었다. 미중 모두 군사적 대결을 피하기 위해 고안된 복잡한 정치적 룰을 지키면서 교묘하게 행동했다.

그 결과 전쟁이 아닌 "전투적 공존" 상황이 지속되었다. 미국의 대만 수호 의지를 중국이 잘못 이해한데서 비롯된 중국의 공격에 대응하기 위해 덜러스 미 국무장관과 미국 주재 대만 대사는 1954년 11월 23일 미국 대만간 방위 조약에 가서명하였다.

하지만 미국과 대만간의 방위 조약 문안에는 대만으로부터 40킬로미터 이내에 위치한 섬들에 대한 방위만 명시하고, 중국 본토 지역에 근접 위치한 대만 도서들에 대한 방위 문제는 추후 협의하기로 하여 모호성을 유지하였다.

1955년 1월 18일 중국은 상기 방위조약의 허점을 이용, '다천大陳, Dachen' '이장산一江山, Yijiangshan' 등 대만 소속 2개 군소 섬들을 재차 포격했다.

미국은 상기 2개 군소 섬들을 방어하지 않았는데, 7함대는 2개 섬으로부터 대만군의 철수를 지원하였다. 중국 지도부는 미군에 대한 직접적 공격은 하지 말도록 인민해방군에게 지침을 하달하였다.

모택동의 일련의 도발은 미국보다는 오히려 후루시초프 소

중국의 굴기와 미국의 전략

련 공산당 서기장에게 딜레마가 되었다. 왜냐하면 소련에게는 아무런 전략적 실익이 없는 대만 해협 인근 군소 섬 문제로 인해, 자칫하면 미국과 핵 전쟁의 위험 부담을 안을 수도 있다는 점에서 소련에게는 큰 부담이었다.

1955년 1월 미국 상 하원은 대만과 그 부속 도서를 방어하기 위해 미 행정부가 군사력을 사용하는 것을 허용하는 결의안을 통과시켰다.

1955년 3월 15일 덜러스 미 국무장관은 미국은 공산 세력의 대규모 군사 공격에 대응하여 전술 핵무기를 사용할 준비가 되어 있다고 발표하였다. 다음날 아이젠하워 대통령은 덜러스 국무장관의 전술 핵무기 사용 발언을 재차 확인하였다. 이러한 미국 최고 지도부의 발언은 진행 중인 위기에 대응하기 위해 미국이 핵무기를 사용할 수 있음을 구체적으로 시사한 최초 사례다.

미국의 강력한 대응 입장에 대해 중국 지도부는 꼬리를 내리면서 유화적인 자세를 보였다. 1955년 4월 23일 주은래는 "중국인들은 미국과의 전쟁을 원하지 않으며, 극동과 대만 지역 긴장 완화 문제를 논의하기 위해 미국과 협의할 준비가 되어 있다."고 발표하였다. 1주일후 중국은 대만 해협 도서들에 대한 포격을 중단하였다.

한국전쟁에서와 같이 1차 대만 해협 위기의 결과는 양측이 모두 단기 목표를 달성한 무승부였다. 미국은 중국의 군사적 위협을 저지했다. 모택동은 중국 인민해방군이 금문도와 마조도를 무력으로 제압할 능력이 없다는 것을 알게 되었으나, 대만이 중국으로부터 독립할 수 없다는 위협을 한 것은 성과로 생각하였다.

중국의 군사 조치에 대해 후루시초프 소련 공산당 서기장은 "만약 당신(모택동)이 총을 쏘았으면 섬들을 점령했어야 했고, 섬들을 점령할 의도가 없었다면 총을 쏘지 말았어야 했다. 나는 당신들의 정책을 이해하지 못하겠다."고 강하게 불만을 표시했다.

1차 대만 해협 위기를 일으킨 모택동의 또 다른 의도는 미국과의 핵전쟁의 위기 상황을 조성하여, 미국과 중국 간 핵전쟁 시 소련이 중국을 핵무기로 지원하지 않기 위해서는, 사전에 중국의 핵무장을 소련이 지원하도록 유인하기 위한 목적이 었다는 주장도 있다.

2차 대만 해협 위기

1958년 8월 23일 중국 인민해방군은 대만 섬들에 대한 대규모 포격을 재개하였다. 처음 포격은 2주간 지속되었으며, 얼마간의 휴지기 후 29일간 재차 포격을 계속하였다. 2차 대만 해협 포격기간 동안 약 천여 명의 사상자가 발생하였다.

2차 대만 해협 위기는 중국 지도부가 미국의 대만 방어 의지를 시험하기 위한 것이었는데, 주요 추동력은 중국의 세계적 지위와 역할을 강화하기 위한 것이었다.

중국의 포격 이유 가운데 하나는 1차 대만 해협 위기 후, 미국과 중국 간 폴란드 바르샤바에서 지속되어온, 대사급 대화 채널이 격하된 데에도 있었다. 모택동은 2차 대만 해협 위기 발생 직전 개최한 중국 지도부 회의에서, 1차 대만 해협 위기 시 중국이 대만 소유 금문도와 마조도를 포격한 것은, 미국과 영국군의 레바논 침공에 대응하기 위한, 국제적 긴장을 조성하기 위한 목적이었다면서, 미국이 중동에서 전쟁을 시작했으므로, 중국도 극동에서 포격을 개시한 것이라고 주장하였다.

중국이 대만 섬들을 포격한 것은 오히려 소련에게 타격이 되었다. 왜냐하면 레바논에서 미국의 전략적 움직임에 대해 소련이 아무런 대응을 하지 못하고 있던 상황에서, 중국이 극동에서 대만 소속 섬들을 공격한 것은, 이데올로기적 전략적 차원에서 중국이 소련보다 더 빠르게 대응한 것이었기 때문이었다.

대만 해협에서 군사적 결의를 과시한 후 모택동은 중국은 미국과의 대화를 재개할 준비가 되어 있음을 천명하고, 군사적 조치와 대화 조치가 모두 열려 있음을 시사하였다. 이러한 방식은 손자 병법의 '전투적 공존 원칙'을 현대적 개념의 '공세적 억지 정책'의 형태로 적용한 것이다.

모택동이 2차 대만 해협 위기를 일으킨 가장 중요한 목적은 초강대국 미국을 조롱하기 위한 것이라기보다는 오히려 중국의 형식적 동맹인 소련에 도전하기 위한 것이었다.

모택동은 소련 후루시초프 서기장이 평화 공존 정책을 주장
함으로 인해, 소련이 문제가 있는 동맹국으로 바뀌었다고 인
식하였으며, 심지어는 잠재적 적국이 되었다고 생각하였다.

모택동은 만약 중국이 대만 해협 위기를 전쟁의 벼랑끝으로
밀어붙이게 되면, 소련은 미국과의 평화 공존과, 중국과의 군
사 동맹 정책 가운데 하나를 선택해야 할 것으로 생각한 것 같
다. 어떤 의미에서 모택동의 전략은 성공하였는데, 모택동의
대만 섬 포격은 소련의 지원하에 이루어졌다. 후루시초프는
1958년 2차 대만 해협 위기 발생 3주 전에 북경을 방문했는
데, 후루시초프가 중국 대련 잠수함 기지를 소련이 사용하는
문제를 제기하여 모택동과의 면담은 최악이었다.

후루시초프 서기장은 1954년 1차 대만 해협 위기가 시작된
시기에 북경을 방문했었는데, 모택동은 후루시초프에게 금문
도 포격 의도를 소련측에 알려주지 않았다.

아이젠하워 미국 대통령이 후루시초프 소련 공산당 서기장
에게 보낸 서한을 보면, 2차례의 대만 해협 위기 시 미국은 모
택동이 소련의 지지를 받고 있을뿐 아니라 소련의 지시에 따

라 행동하고 있다고 생각했다.

모택동은 소련의 의지와는 상관없이 동맹국 소련을 중국의 지원자로 보이도록 만들었으며, 소련이 눈치채지 못하도록 하면서 중국의 목적에 소련이 이용되도록 하였다.

2차 대만 해협 위기시, 1차 대만 해협 위기시 와는 달리, 소련을 망신주려고 유인하는 군사 동맹국 중국을 위해 소련은 핵 사용 위협 입장을 언명하였다.

모택동은 미군과의 직접 전투를 피하도록 인민해방군 사령관들에게 지시하였고, 미군 함정이 포격을 해 와도 대응하지 말도록 하였으며, 대만을 해방해야 한다는 슬로건도 폐기하도록 하였다.

1958년 9월 4일 덜러스 미 국무장관은 금문도와 마조도를 포함한 대만 방어 입장을 재차 천명하였으나, 즉각 중국의 제한된 목적을 이해했고, 위기의 범위를 제한하고자 하는 미국의 의도를 중국측에 알렸다. 9월 5일 주은래는 대만 해협 위기와 관련하여 중국의 목표는 미중간 대사급 대화 채널 재개

중국의 굴기와 미국의 전략

임을 확인하였다.

9월 6일 미 백악관은 새로 재개되는 미중 대화에서 폴란드 주재 미국 대사가 미국을 대표할 준비가 되어 있음을 중국측에 시사하였다. 미국, 중국, 소련의 삼각 관계에서 무슨 일이 일어났는지를 파악하지 못한 쪽은 후루시초프 소련 공산당 서기장이었다.

모택동은 '중국은 핵 전쟁을 두려워하지 않는다'고 수차례 언급했는데, 후루시초프 소련 공산당 서기장은 실제 핵 전쟁 발발의 두려움과 함께, 만약 소련이 중국편을 들지 않으면 동맹국인 중국을 잃을 수도 있다는 생각을 하며 고민했다. 후루시초프 서기장은 공산주의 이데올로기 동지인 중국이 전략적 적국이 될 수 있다는 점을 이해하지 못했다.

후루시초프 서기장은 그로미코 소련 외상을 중국에 보내 자제를 촉구했다. 그로미코 외상은 중국 방문시 자신이 후루시초프 서기장에게 송부를 건의한, '대만 해협 위기가 확대될 경우 중국을 위해 핵무기를 사용할 수 있다'는 내용의 아이젠하워 미국 대통령 앞 서한 사본을 중국 지도자들에게 보여주면서 소련이 중국을 적극 지원하려고 했음을 강조 설명했다.

　그럼에도 중국과 미국에 대한 소련의 이니셔티브는 모두 실패하였다. 아이젠하워 대통령은 9월 12일 중국의 대사급 대화 참여를 환영하였고, 중국에 대해 대만에 대한 무력 사용 중단을 반복 촉구하였다. 미국은 후루시초프 소련 공산당 서기장에게도 모택동의 자제를 독려하도록 촉구하였다.

　후루시초프 소련 공산당 서기장은 중국이 미국의 공격을 두려워하고 있다고 생각하여 소련 방공포 부대를 '푸젠福建, Fujian'으로 파견할 것을 중국측에 제안하였는데, 중국은 시간을 끌다 대만 해협 위기가 종료된 후 중국 인민해방군의 지휘를 받는 조건하에 소련측 제의를 수락하였다.

　후루시초프 서기장은 9월 19일 아이젠하워 대통령에게 자제를 재차 촉구하였고 핵 전쟁이 임박했음을 경고하는 서한도 보냈다. 그러나 후루시초프 서한이 미측에 도착하기 전에 2차 대만 해협 위기 상황은 종료되었다.

　모택동은 한편으로 지정학적으로 덜 핵심적인 대만의 군소

중국의 굴기와 미국의 전략

섬을 두고 핵 전쟁을 위협하도록 미국과 소련의 초강대국들을 선동하면서, 다른 한편으로는 미국과의 폴란드 바르샤바에서의 대사급 대화 재개에 전격 응하였다.

모택동은 2차례 대만 해협 위기를 일으켰고 이 위기를 통해 미국을 대화의 장으로 이끌어 냈다는 점에서 자신의 목표를 달성했다고 생각했으나, 바르샤바에서 재개된 미중 대사급 접촉은 재개되자마자 중단되었다. 모택동의 모호한 책략과 태도로 인해 미중 관계는 이후 10년 동안 적대 관계를 지속했다. 소련 지도부도 모택동이 의도했던 것과는 정반대로 움직였다.

소련은 미국과 평화 공존 정책을 지속하였다. 소련은 핵 전쟁에 대한 모택동의 벼랑끝 전술에 경악을 금치 못했다. 소련은 2차 대만 해협 위기 종료에 맞추어 북경과의 핵 협력을 중단하였다. 1959년 6월 소련은 중국에게 핵 프로그램을 제공하겠다는 약속도 철회했다. 1960년 후루시초프는 소련 기술자들을 중국에서 철수시켰고, 중국에 대한 모든 원조 계획도 취소시켰다.

국제적으로 모택동은 두 차례의 대만 해협 위기를 통해 국

제2부 미국과 중국의 군사적 충돌

가 안보와 영토 위협에 대해 일촉즉발의 대응을 할 수 있는 중
국의 역량을 과시하였다. 중국이 이러한 능력을 보여줌으로써
문화혁명으로 국내적으로 혼란에 처했을 때 주변국들이 중국
을 쉽게 넘보지 못하도록 하는 효과가 있었다.

그러나 문화혁명 등 중국내 혼란으로 중국은 대외관계에서
점진적으로 고립되었고, 10년 후에는 대외 정책을 재고할 수
밖에 없는 상황이 되었다.

중국의 굴기와 미국의 전략

3. 미국과 중국의 화해

닉슨 대통령과 모택동 주석이 미중 간 화해를 모색하던 1960년대 말 미중 양국은 각각 베트남 전쟁과 문화혁명의 와중에 있었다.

당시 중국의 국경 지역은 위기 상황이었는데 특히 북쪽에서는 소련과 군사 충돌 위기에 있었다. 닉슨 미국 대통령은 전임자로부터 베트남 전쟁을 물려 받았는데, 미 국내적으로는 베트남 전쟁을 끝내야 하는 상황이었다.

'정책의 추동력은 필요에서 나온다'는 말이 있는데, 한국전쟁에서 군사적으로 대규모 충돌한 이후, 미국과 중국은 20년

간 서로를 타협할 수 없는 적으로 규정해 왔는데, 이제 이 문제를 조정하는 것이 현안이 되었다.

모택동은 1965년 친 중국 미 언론인 '에드거 스노우Edgar Snow'와의 인터뷰에서 "나는 개인적으로 지난 15년 동안 미국민과 중국민간에 모든 대화가 끊긴 것에 대해 유감으로 생각한다."고 하였다.

모택동의 스노우 인터뷰 당시, 미국은 중국과 국경을 인접하고 있는 베트남에 대해 군사 개입을 시작하던 때였다. 모택동은 15년 전 한국전쟁에 군사적으로 적극 개입한 것과는 달리, 미국의 베트남전에 대해서는 군사적으로 개입하지 않는다는 입장을 취했다.

1965년 존슨 미국 대통령 안보보좌관 McGeorge Bundy는 중국 공산주의자는 소련과는 완전히 다른 문제가 있다면서, 1964년 10월 중국이 최초 핵 실험을 통해 핵 보유 국가가 되었는데, 이로 인한 중국의 공격적 태도가 인근 지역 국민들에게 심각한 위협이 되고 있다는 내용의 성명을 발표했다. 이러한 성명은 당시 미국 수뇌부가 중국을 어떻게 보고 있는지를

중국의 굴기와 미국의 전략

잘 보여주는 것이다.

1965년 4월 7일 존슨 대통령은 미국의 베트남전 개입 사유로, 중국과 베트남이 합작한 전쟁에 대항하기 위한 것이라고 설명했다. 딘 러스크 미 국무장관도 존슨 대통령과 같은 기조로 미 하원 대외관계위원회에서 설명했다.

모택동은 미 언론인 '스노우'에게 세계 혁명에 대한 공산주의 독트린의 포기에 대해 설명했는데, "혁명이 있는 곳에 중국은 성명을 발표할 것이라 하고, 중국은 혁명을 지지하는 군중대회만을 개최했는데 제국주의자들이 분개하는 것이라면서, 중국은 군대는 보내지 않을 것"이라고 주장하였다.

모택동은 미 언론인 '스노우'와의 인터뷰시 언급 내용을 중국의 공식 입장으로 하지는 않았는데, 왜냐하면 중국 국내적으로 문화혁명 과정에 있어 이데올로기적 순수성 유지가 필요했고, 대외적으로는 후루시초프 서기장의 미국과의 평화 공존 정책에 대한 거부감으로 소련과의 갈등이 지속되고 있었기 때문이었다.

미 언론인 '스노우'를 통한 모택동의 언급은 분명히 탐색전의 성격이었다. '스노우'는 중국 내에서는 신뢰가 있었지만 미국 내에서는 중국의 선전원 정도로 밖에는 평가되지 않는 인물이었다. 미국은 중국의 정책이 변화되었다는 보다 구체적인 증거를 기다리고 있었다.

모택동은 1969년 자신의 주치의와 대화하였는데 "우리는 북서쪽으로 소련이 있고, 남쪽으로 인도가 있으며, 동쪽으로 일본이 있는데, 만약 이 모든 적들이 연합해서 동서남북의 방향에서 중국을 공격하면 우리는 무엇을 해야 할 것인가? 일본 건너에 미국이 있는데, 우리 선조들이 가까이 있는 적들과 싸울 때는 멀리 있는 적과 협상하라고 하였다."라고 말하였다.

1969년 1월 20일 닉슨 대통령 취임 연설 계기를 활용하여, 모택동은 중국민들에게 미국에 대한 새로운 생각이 일고 있음을 암시했다. 닉슨 대통령도 미국 「Foreign Affairs」 지 기고에서 좀 더 구체적으로 신 행정부 생각을 설명하였는데 "닉슨 행정부에서 모든 대화의 문은 열려있다. 우리는 열린 세계와 열린 생각을 추구한다."고 하여 미국이 중국에 대해 열린 사고를 하고 있음을 시사했다.

중국의 굴기와 미국의 전략

모택동은 문화혁명으로 숙청당한 '천위' '녜룽전' 등 4명의 인민해방군 장군들을 복권시켜 '중국의 전략적 선택 분석' 제하 보고서를 작성토록 지시하였는데 이들은 중국의 전략적 도전을 다음과 같이 설명하였다.

'미 제국주의자들과 소련의 수정주의자들에게 있어서 진정한 위협은 그들 간에 존재하는 위협이다. 다른 모든 국가들에 대한 위협은 미국과 소련의 두 나라로부터 나온다. 중국을 반대하는 깃발로 감추면서 미 제국주의자들과 소련 수정주의자들은 서로 싸우면서 동시에 협조하기도 한다. 그러나 그들 간의 모순은 줄지 않는데, 오히려 미국과 소련 상호 간의 적대감은 그 어느 때보다 심각하다.'

중국 인민해방군 장군들은 보고서에서 '전쟁에 대한 소련 인민들의 지지 부족, 긴 보급선, 불안한 후방 지역, 미국 태도에 대한 의구심 등으로 소련이 중국을 공격하지 못할 것'이라는 결론을 내렸다. 4명의 중국 인민해방군 장군들은 중국의 고사를 인용하여 미국의 태도를 '산꼭대기에 앉아 두 호랑이의 싸움을 관찰하는 형국'이라고 묘사했다.

그러나 몇 개월 후 4명의 중국 인민해방군 장군들은 자신들의 보고서 내용을 수정하였는데, '소련의 침공시 미국이 단순히 구경꾼으로 자신의 역할을 제한할 수는 없을 것이며, 미국은 입장을 정할 것이다. 미국은 중소 간 충돌 시 소련의 승리를 원하지 않을 것이다. 왜냐하면 소련이 승리할 경우 소련이 미국보다 더 강력한 제국을 구축할 것이기 때문이다. 따라서 중국 방어를 위해 중국은 미국과 접촉해야 한다'고 주장하였다.

1969년 3월 중국 인민해방군 장군 4인의 보고서는 '중국은 고립 정책을 중단하고, 적극 방어의 군사 전략과 적극 공세의 정치 전략을 채택함으로써, 소련과 미국의 모험주의를 좌절시켜야 하며, 반제국주의와 반수정주의의 국제적 연합을 확산시켜야 한다'고 결론지었다.

당시는 중국과 소련 간 국경 지역에서의 군사적 충돌 가능성이 더욱 커진 시기였는데, 모택동은 전략적 관점에서 소련의 대규모 중국 침략 가능성에 대비하여 중국이 '미국 카드'를 쓰는 문제에 대해 4인 스터디 그룹에 역사적 사례가 있는지 연구 보고할 것을 지시하였다. 4명의 인민해방군 장군들은 독소 불가침 조약 체결의 전례가 있음을 보고하였으며, 또 다른

중국의 굴기와 미국의 전략

예로 중국 한 왕조 멸망 후 제국이 3개로 쪼개졌을 때, '왜이魏, Wei' '수蜀, Shu' '우吳, Wu' 3개 왕조는 상호 대립했는데, 북쪽의 왜이 왕조와 대항하기 위해 동쪽의 '우吳, Wu' 와 연합한 중국 역사적 사례도 있음을 보고하였다.

중국 과거 역사를 부정해 온 모택동은, 숙청한 인민해방군 장군들을 통해, 생존을 위해 동맹을 바꾸는 것에 해당하는 전략적 수단을 중국의 역사로부터 영감을 얻었다.

중국 인민해방군 장군 4인은 미국과의 관계를 '전략적 자산'으로 설명하면서 '중국에 대한 침략 전쟁을 개시하는 소련 수정주의자들의 결정은 상당 부분 미 제국주의자들의 태도에 달려 있다. 중단된 미국과의 대사급 접촉 재개를 건의한다'고 보고했다.

중국 인민해방군 스터디 그룹의 좌장인 '천위陳宇, Chen Yi' 대장은 '미중간 장관급 또는 그 이상의 고위급 대화가 필요하다. 가장 혁명적인 내용은 중국이 대만 문제 우선 해결이라는 전제 조건을 거두어야 한다'고 건의했다.

폴란드 바르샤바에서 미중 간 대사급 대화가 재개되었는데 중국측은 장관급 또는 더 상위급의 미중 간 대화를 제의하였다.

미중 간 고위급 대화는 전략적 중요성을 갖는데, 중국은 전제 조건을 제시할 필요가 없으며, 대만 문제는 고위급 대화에서 점진적으로 해결될 것이므로, 중국은 전략적 중요성을 갖는 제반 문제들에 대해 미국과 대화할 수 있다는 유연한 입장을 취했다.

중소 국경에 소련군이 증강 배치되고, 중국 '신장新疆' 지역 중소 국경 지역에서 소련군과의 전투로 인해 8월 28일 중국 공산당 중앙위원회는 모든 중소 국경 지역의 인민해방군 동원령을 명령하였다.

모택동의 대미 접근, "전략적 불가피성"

닉슨 대통령은 미국의 베트남 전쟁 개입에도 불구하고 미국이 공산주의 침략에 대항하는 동맹에서 가장 강력한 국가로 남아야 한다는 것과 이를 위해서는 미국이 동맹국의 신뢰를

중국의 굴기와 미국의 전략

잃지 않는 것이 중요하다는 것을 잘 알고 있었다.

미국은 전 세계 국가들이 미국의 역할에 대해 신뢰를 갖고, 인도차이나 지역 국민들이 자신의 미래를 스스로 만들어 갈 수 있도록 베트남 전쟁에서 점진적인 철수를 모색하였다.

닉슨 대통령에 대한 미국내 비판 세력들은 베트남으로부터 미군의 무조건적인 철수를 요구하였다.

중국과 미국의 지도자들은 그들의 공통의 목표를 각기 다른 시각에서 찾았는데 모택동이 미국과의 접근을 '전략적 불가피성'에서 접근하였다면, 닉슨은 베트남전 이후 '국제적 지도력 회복'의 기회로 파악하였다.

닉슨 대통령은 중국과의 관계 개선을 통해 베트남전 와중에서도 미국은 장기 평화 수립을 위한 계획을 갖고 있다는 것을 미국민들에게 보여 주려고 했는데, 전 세계 1/5 인구를 보유한 중국과 접촉을 재개하고, 베트남으로부터 불가피하게 철수하는 미국의 아픔을 완화하기 위한 방책이기도 했다.

닉슨 대통령의 'Foreign Affairs' 기고 내용과 모택동의 지시에 의한 4명의 중국 인민해방군 장군들의 연구 보고서 결과가 동일함에도 불구하고, 미중 양국의 국내적 복잡성, 역사적 경험, 문화적 인식 차이, 20년간의 상호 적대감과 상대에 대한 불신 등으로 인해 미중간 화해를 위한 전략 대화 개시는 쉽지 않았다.

이러한 상황하에서 미중 간 접촉을 위한 공간이 만들어졌다. '스토셀Walter Stoessel' 폴란드 주재 미국 대사에게 중국 접촉 지침이 하달되었다. 2주 후 폴란드 주재 중국 대사와 스토셀 미국 대사가 폴란드 주재 중국 대사관에서 만났는데 대화의 내용과 목적이 문제였다.

협상 개시 시점에 미국은 한국에서 군사 훈련을 줄이고, 베트남 폭격을 중단하는 데 동의하였다.

미중 간 바르샤바 대사급 접촉의 성사 배경에 대해, 중국은 인민해방군 장군 4명의 전략 보고서 건의에 따라 모택동이 전략적 결정을 내려 대화에 복귀했다고 인식한 반면, 미국은 중국과 바르샤바 접촉을 그간 134 차례나 해온 과정에서 돌파구가 생긴 것으로 이해하였다.

미중 양측은 재정 클레임 문제 해결, 구금 죄수 상호 석방, 무역, 군축, 문화 교류 등 비교적 해결하기 쉬운 실질 문제들을 포함하여 의제를 작성하였다.

미국은 중국과의 직접 협의를 위해 대표를 북경에 파견하거나 중국 측 대표를 워싱턴이 접수하는 문제를 검토할 준비가 되어 있다는 메시지를 바르샤바 채널을 통해 중국측에 전달하였다.

중국은 바르샤바 대사급 채널과 다른 별도 채널을 통해 미중간 긴장을 완화하고 양국 관계를 근본적으로 증진시키기 위해 미국과 대화할 준비가 되어 있다고 회신하였다.

닉슨 행정부는 남부 베트남 공격의 전진 기지로 활용하던 캄보디아 내 베트남 기지들과 보급망들을 통제하기 위해 중국의 동맹국인 캄보디아에 미군을 파견한다는 결정을 내렸다.

이러한 결정에 대해 미국 내에서 대규모 항의 시위가 벌어지자 모택동은 미국 내 대모가 진정한 세계 혁명의 시작을 의미하는 것인지 여부를 파악하기 위해, 시간을 끌면서 미국과의 접촉을 잠시 지연시켰다.

모택동은 미국의 캄보디아 내 미군 파병을 이유로 1970년 5월 20일로 예정되었던 바르샤바 접촉을 취소시켰는데, 이후 바르샤바 접촉은 더 이상 이루어지지 않았다.

닉슨 대통령은 자신이 직접 관할하고 통제할 수 있는 대중 접촉 채널을 찾고 있었고, 모택동도 미국의 최고 지도부와 바로 연결되는 대화 채널을 선호했다.

미중 양측은 이러한 협의 과정이 노출될 경우 소련의 반발 등으로 인해 대화 시도 자체가 붕괴될 수 있음을 우려하여 고도의 대외 보안을 유지하였다.

1970년 5월 20일 바르샤바 접촉이 취소된 이후 거의 1년 동안 미중 양측 지도자들은 대화의 필요성과 목표에는 합의하였지만, 지난 20년간 고립과 적대감으로 인해 야기된 미국과 중국 간 상호 불신이 관계 개선의 저해 요소로 작용하였다.

또 다른 문제는 닉슨 대통령의 접근 방식이 미 국무부 외교관들의 생각과 달랐는데, 닉슨 대통령과 키신저 안보보좌관은 소련, 중국, 미국 간 삼각 관계로 형성된 전략적 상황을 검토하기를 희망했다.

중국 측이 노르웨이, 아프가니스탄등을 통한 접촉을 제의한 데 대해 미국은 오슬로와 카불의 미국 대사관 인력 부족 등을 이유로 거절하였다. 미국이 중국의 비동맹 친구인 파키스탄과 바르샤바 동맹조약 국가이면서도 소련으로부터 독자 입장을 견지해온 루마니아를 통한 접촉을 제의한 데 대해 중국이 수락하였다. 그러나 닉슨 대통령은 대사관을 통한 미중 대화 추진을 더 이상 원치 않았다.

1970년 10월 모택동은 미 언론인 '스노우'와의 인터뷰를 재차 허용하였다. 인터뷰에서 모택동은 문화혁명을 끝내려고 한다면서, 중국이 큰 혼란에 휩싸여 있다는 외국인들의 보도는 거짓이 아닌 사실이라고 하였다. 그리고 중국인들이 싸움을 처음에는 창으로 하다가 총으로, 이제는 대포로 하고 있다면서, 지난 3천 년간의 황제 숭배 전통 관습을 중국인들이 하루 아침에 극복하기는 어렵다며 나에 대한 호칭도 선생 외에는 다 사라질 것이라고 하였는데, 문화혁명 와중에 있던 당시 중국 상황에서 중국 최고 지도자의 이러한 언급은 엄청난 것이었다.

닉슨 대통령이 지정학적 고려를 근거로 중국이 국제 시스템에 복귀할 수 있도록 중국과의 긴장 완화 필요성을 설명한 데 대해, 모택동은 중국은 국제 시스템 복귀가 목적이 아니며, 중국의 안전 확보를 위해 중국 정책의 구심점을 바꿈으로써 중국의 동맹 관계를 전환시키는 것이 목표라고 대응하였다.

모택동은 중국은 책임과 경제력을 50개 주에 분산시켜 발전을 한 미국 방식을 배워야 하며, 중앙 정부가 모든 것을 다 할 수 없고, 지방의 이니셔티브를 중시해야 한다고 주장하였다.

모택동은 '스노우' 미 언론인과의 인터뷰에서 만약 사람이 진실을 말하지 않으면 어떻게 신뢰를 얻을 수 있겠는가라고 하면서, 문화혁명 주도 홍위병의 거짓말하는 습관을 강력히 비난하였다.

모택동은 물이 새는 우산을 들고 세계를 걷는 외로운 스님에 자신을 비유하면서 '머리카락도 없고, 하늘도 없다'(우파우톈

중국의 굴기와 미국의 전략

無髮無天) 라고 하였다. 이는 중은 대머리고 우산을 들고 있기 때문에 하늘을 볼 수 없다는 의미로도 해석되나, 중국어 음조에 따라 번역하면 '법도 없고, 하늘도 없다' 또는 '신을 두려워하지 않으며, 법을 지키는 것도 두려워하지 않는다' '눈도 깜빡이지도 않고 법을 짓밟는다'는 등의 새로운 해석들이 가능하게 된다.

모택동의 이러한 비유적 언급은 미국과의 관계 개선을 반대하는 중국 내 반미 세력들에 대한 경고였다. 모택동은 세계를 바꾸어 놓겠다고 효과적으로 선언했는데, 미국과의 관계 개선에 회의적인 시각을 갖고 있는 일부 중국인들에게 방해하지 말라고 경고한 것이다.

1970년 12월 8일 키신저 미 대통령 안보보좌관에게 주은래의 메시지가 전달되었는데, 주은래는 모택동과 당시 모택동의 후계자로 예정되어 있던 '린뱌오 林彪, Lin Biao'의 승인이 있었음을 강조하면서, 지난 15년 동안 미군에 의해 점령되어 있는 대만 문제를 논의하기 위해 미국 특사의 북경 방문을 초청하였으며 미국 대통령의 중국 방문도 환영한다고 하였다.

미 백악관은 루마니아 채널을 통해 주은래의 특사 파견 초청을 수용하면서도 특사의 임무를 대만 문제 논의에 국한하지 않고 미중 간 광범위한 문제들을 토의하기 위한 목적으로 회신하였다.

이런 와중에 모택동의 직접 지시로 미국 탁구팀의 중국 방문 초청이 성사되었다. 1971년 4월 14일 주은래 수상과 북경 주재 외교단 참석하에 중국 인민 대회당에서 미중 간 탁구 대회가 개최되었다. 미 백악관의 회신에 대한 중국측의 답신이었다.

4월 29일 중국 주재 파키스탄 대사가 4월 21일자 중국 주은래 수상의 메세지를 송부해 왔는데, 특사 접수 희망 의향을 재차 언급하면서 중국 측이 희망하는 인사로 키신저 안보보좌관 또는 로저스 미 국무장관 그리고 심지어 닉슨 대통령까지 거명하였다.

5월 10일 미국은 닉슨 대통령의 북경 방문을 초청하는 주은래 수상의 메시지를 재차 접수했으나 미국 측은 미중 간 접촉시 광범위한 의제를 재차 주장하는 아래 메시지를 중국 측에

중국의 굴기와 미국의 전략

송부하였다.

'그러한 접촉에서 각 측은 주요 관심사를 자유롭게 제기할 수 있어야 하며, 미중 정상 회담 준비를 위한 주은래 수상과의 비밀 예비 협의 미측 대표로 키신저 안보보좌관을, 접촉 일자는 늦은 봄이나 초여름으로 할 것을 제의한다.'

6월 2일 미 백악관은 주은래 수상 명의 중국 측 회신을 접수하였는데, 중국 측의 초청을 미국 측이 접수하겠다는 사실을 모택동에게 보고하였으며 키신저 미 대통령 안보보좌관의 북경 방문을 환영한다는 내용이었다.

한가지 흥미로운 사실은 이번에는 주은래 수상 명의 메시지에 '린뱌오Lin Biao'에 대한 언급이 없었다는 것이었다.

등소평의 대미 외교

두 번째 정치적 유배로부터 1977년 중앙 권력에 복귀한 등소평은 모택동의 국내 정책에는 큰 변화를 모색했으나, 대외

정책에서는 모택동의 정책을 기본적으로 유지하였다.

그럼에도 두 지도자의 스타일에는 큰 변화가 있었는데, 모택동은 미국의 대소련 정책과 관련하여 미국의 전략적 의도에 의구심을 가졌던 반면, 등소평은 중국-베트남 국경 지역에서의 즉각적인 위험과, 중국-소련 국경 지역에서의 소련의 잠재적 위험을 심각하게 인지하고 있었다.

미국의 카터 대통령이 취임하면서 아프리카와 중동 지역에서 소련의 진출이 강력해지자, 카터 대통령은 미국-중국 관계 정상화에 최우선 순위를 두고, 소련이 미국과 경쟁 관계이며, 소련의 군사적 위협을 우려한다는 입장에서, 브르제진스키 대통령 안보보좌관을 1978년 5월 17일 중국에 파견하였다.

당시 중국 지도자들은 중국을 둘러싸고 있는 전략적 위험들을 심각하게 인식하고 있었는데, 지도자 등소평과 화국봉 총리, 황화 외교부장등 중국 수뇌부들은 한결 같이 소련의 팽창주의를 경고하였고, 미국과 중국 간 전략적 협력을 강조하였다.

대만으로부터 모든 미군 철수, 대만과의 방위 조약 철폐, 중

국 본토 정부와 미국 정부간 외교관계 개설 등 닉슨 대통령과
포드 대통령이 이미 합의한 상해 코뮤니케 주요 내용이 미국
내 워터게이트 사건으로 이행되지 못하고 있었다.

카터 대통령은 1972년 2월 초당적 차원에서 닉슨 대통령이
주은래 수상에게 했던 약속 이행을 재차 확인하였다. 카터 대
통령은 1978년 '차이쩌민紫澤民, Chai Zemin' 미국 주재 중국 대
표를 직접 면담하고 미중 수교를 위한 '구체 방안formula'을 제
시하였다.

미중 수교를 위한 구체 방안에는 상해 코뮤니케 내용과 함
께 대만 문제의 평화적 해결, 미국 무기의 대만 판매에 대한
중국의 양해가 필요함을 설명하고, 만약 대만에 대한 미제 무
기 판매가 허용되지 않으면, 대만은 핵무기를 개발할 것이고,
미국은 이를 저지할 수 없다고 중국 측에 통보하였다.

카터 대통령은 등소평을 워싱턴으로 초청하였는데, 등소평
은 미국 무기의 대만 판매를 용인하였으며, 대만 문제의 평화
적 해결에 대한 미국 입장을 반박하지는 않았으나, 등소평은
'브르제진스키 대통령 안보보좌관 면담 시, 대만 문제는 어느

외국도 간섭할 권한이 없는 중국 내부 문제임을 재차 강조하였다. 미중 외교 관계가 정상화되었으며, 1978년 4월 미 의회는 대만 관계법을 통과시켰다.

중국의 대만 문제 해법

1970년대 초 키신저 미 대통령 안보보좌관이 모택동을 면담했을 때 모택동은 중국은 대만 문제 해결을 위해 백년은 기다릴 수 있다고 하였다. 이처럼 중국은 대만 문제를 장기적 관점으로 접근하고 있는데 중국은 대만 문제에 있어 시간은 중국 편이라고 생각하는 것 같다.

대만의 주요 산업이 중국 본토로 옮겨 가는 등 중국과 대만 간 경제 협력은 갈수록 심화되고 있고, 양안간 문화 교류도 활발하게 이루어지고 있다.

중국은 대만 문제를 특유의 '대 중국a greater China' 방식으로 해결하려는 것으로 보인다. 대 중국 방식에 의하면 '중국 본토도 일부the mainland is a part'이고, '대만도 일부Taiwan is a part'이

중국의 굴기와 미국의 전략

며, 홍콩도 일부이고, 티벳도 일부라는 논리이다.

이러한 중국 중심의 대 통합 방식은 일본의 대동아 공영권 주장과 같은 우려가 있을 수 있는데, 문제는 이러한 통합이 민주적이고 열린 방식으로 이루어질 수 있느냐 하는 것이다.

중국과 주변국들의 군사적 충돌

66

인도-중국 간 국경 분쟁 문제는 지금도 미해결 문제로
남아 있는데, 분쟁 과정에서 인도 정보 당국은
중국의 능력과 의도를 오판하였다.

이러한 인도 정보 당국의 실수는 한국전쟁에서
중국 인민해방군에 대한 미군 정보 기관의
오판을 재차 반복한 것이었다.

99

중국, 인도와 히말라야 티벳 국경 충돌

중국은 중화인민공화국 수립 후 10년도 채 안되는 기간 동안 한반도에서 미국과 대규모 전쟁을 하였고, 대만 해협에서 미국과 2차례 군사적으로 대치하였다.

모택동은 신쟝과 티벳 지역이 중국에 포함되는 것을 중국 제국의 역사적 국경의 완성으로 생각하였는데, 1949년 중화인민공화국 수립 시 이러한 지역들이 모두 중국 영토로 포함되었다.

중국의 광대한 국경 지역 중 티벳 국경 지역에서 인도가 도전해 왔을 때 모택동은 군사적 대응을 선택하는데 주저하지 않았다.

　중국-인도 간 국경 위기는 티벳과 인도 간 히말라야 고원 국경 지대에서 발생했는데 갈등의 시작은 식민주의 시대의 역사 해석으로부터 시작되었다. 중국은 남부 티벳 히말라야 지역을 포함하여 히말라야 산기슭의 작은 언덕을 경계 지역으로 주장했고, 인도는 역사적으로 티벳에 진출했던 러시아와의 분할선을 중국과의 국경선으로 인식해 왔던 영국의 경계선 개념을 그대로 따랐다.

　1914년 영국과 티벳 간에 서명된 문서에는 히말라야 동부 지역을 국경선으로 그은 '멕마흔 라인Mcmahon Line'을 언급하고 있는데, 멕마흔은 영국측 협상 수석 대표 이름을 딴 것이었다.

　중국은 오랫동안 티벳과 다양한 관계를 맺어 왔는데, 13세기 몽골 제국이 티벳과 중국의 곡창지대를 정복하였으며, 중국 청조 시기에는 티벳 북서쪽에서 공격해 오는 다른 침략자들을 쫓아내기 위해 수시로 티벳에 군대를 보냈다. 결국 청조 시대에 중국은 티벳 지역에 대한 종주국 지위를 확보하였으며 이후에도 티벳을 통치하였다.

중국의 굴기와 미국의 전략

그러나 티벳이 중국의 중원에서 거리상 멀리 떨어져 있고 티벳인들의 유목 생활로 인해 티벳을 완전히 중국화하기는 현실적으로 어려웠다. 이러한 이유로 티벳인들은 일상 생활에서 상당한 자치권을 부여받았다.

1912년 청조 말기에 티벳에 대한 중국의 통치가 상당히 위축되었는데, 청조가 붕괴된 직후 인도의 영국 통감부는 중국과 티벳 대표가 참석한 가운데 중국과 티벳간 국경선 획정을 위한 회의를 개최하였다.

당시 이러한 상황을 막을 수 있는 효과적인 군사력을 보유하지 못한 중국 정부는 회의에서 역사적으로 중국이 주장해온 영토에 대한 어떠한 할양도 반대한다는 원칙적 입장을 개진하였다.

영국과 티벳 대표들은 회의 결과 문서에 서명하였는데 중국 대표는 최종 문서에 서명하지 않고 가서명(이니셜)만 함으로써 어려움을 비켜갔다. 외교 관례에서 가서명은 협상은 종료되었으나 합의문은 동결된다는 뜻인 반면, 서명은 효력 발생을 의미한다.

중국은 티벳이 중국의 일부이고 주권이 없기 때문에 티벳 대표가 국경 획정 협정에 서명할 법적 권한이 없음을 주장하고 따라서 '멕마흔 라인Mcmahon Line'의 법적 근거인 상기 최종 문서의 효력을 부인하였다.

히말라야 서부 국경 분쟁은 '악사이친Aksai Chin' 지역으로 알려진 땅인데 인도 쪽에서는 접근이 불가능했다. 인도는 1955년 중국이 'Aksai Chin' 지역을 가로 질러, 신장과 티벳을 연결하는 도로를 건설한다는 것을 알게 되었는데, 'Aksai Chin' 지역은 영국이 인도를 통치할 때에도 문제가 많았던 땅이었다. 영국은 이 지역을 통치하지는 않았으나 대부분의 지도에 표기함으로써 소유권을 주장해왔다.

인도가 영국으로부터 독립을 선언했을 때 'Aksai Chin' 지역과 '멕마흔 라인'은 모든 지도에서 인도 영토로 표기되었다.

'Aksai Chin' 지역과 '멕마흔 라인'은 모두 전략적 중요성을 내포하고 있는데, 1950년대에는 중국과 인도 양측간 균형이 유지되고 있었다. 중국은 멕마흔 라인을 중국의 티벳 통제를 약화시키려는 영국의 의도로 파악한 데 반해, 네루 수상은 인

중국의 굴기와 미국의 전략

도의 전통적 불교 문화와 티벳 불교 간의 역사적 연계에 근거하여 티벳과의 문화적, 정서적 연계를 주장하였다.

네루 수상은 상당한 자치권이 부여된다는 조건하에 티벳에 대한 중국의 주권을 인정할 준비가 되어 있었는데, 티벳 지도자 '달라이 라마'가 1959년 인도로 망명하면서, 중국은 점차 중국-인도 간 국경선 문제를 전략적 관점으로 접근하기 시작하였다.

중국 주은래 수상은 멕마흔 라인을 협상의 기초로 인정하는 대신 'Aksai Chin' 지역에 대한 중국의 소유권을 인도가 인정하도록 하는 협상안을 제시하였는데, 네루 수상은 중국측 협상안에 답하지 않는 방식으로 거부하였다.

1961년 인도는 '전진 정책forward policy'을 채택하였는데, 인도는 분쟁 지역에 위치한 국경 초소들을 중국측 초소들과 근접한 지역으로 전진 배치하였다.

인도군 부대장들은 중국 인민해방군이 인도 영토에 침입해 있다는 입장하에, 자신의 판단으로 인민해방군에 사격을 할 수 있는 권한을 부여받았다.

1959년 중국 인민해방군과 인도군 간 첫 충돌 후 모택동은 위기를 피하기 위해 인민해방군 초소를 20킬로 후방으로 재배치하도록 명령하였다.

인도측은 인민해방군이 인도의 전진 배치 정책에 저항하지 않고 오히려 후퇴하고 있다는 결론을 내렸고, 인도군에게 최대한 전방 국경 분쟁 지역을 순찰하도록 지시하였는데 이는 오판이었다.

모택동은 즉각 20킬로 후방 배치 명령을 취소하였으나, 여전히 신중하였다. 중앙 군사위 회의에서 모택동은 '작은 문제에서 인내하지 못하면 큰 계획을 그르칠 수 있다'면서, 전략적 계획을 이행하기 위해 상황을 주시하면서 긴장감을 유지할 것을 지시하였다.

중앙 군사위 회의에서 모택동은 네루 수상의 전진 정책에 대해 '편안한 침대에서 자는 사람은 다른 사람이 코를 고는 것에 쉽게 자극받지 않는다'는 경구적 표현을 인용하였는데, 이

중국의 굴기와 미국의 전략

는 히말라야 지역에 배치된 인민해방군은 자국 영토를 지키는 것이기 때문에 쉽게 자극받지 않는다는 의미였다.

중국 중앙 군사위는 인민해방군의 철수 중지를 명하고, 인도군이 새로운 초소를 건설할 경우, 중국도 인도군 초소 옆에 새로운 인민해방군 초소를 건설하여 저항하고 포위할 것이라고 선언하였다.

모택동은 이러한 정책을 '무장한 채로 공존하는 것'이라고 설명하였다. 인민해방군에게는 인도군이 인민해방군 초소에 50미터 이내로 근접할 경우에만 사격할 수 있도록 구체 지침이 하달되었는데, 기본적으로 양측간에 대규모 군사적 충돌을 피하기 위한 것이었다.

인민해방군이 초소 철수는 중단하였지만 발포에는 여전히 인내심을 발휘하는 것을 파악한 인도군은 인민해방군 초소를 더 외곽으로 밀어내는 것으로 목표를 변경하였다.

중국은 인도군 초소가 전진 배치되는 것을 저지하고, 인도와의 군사적 충돌을 막는 것을 목표로 정하였는데, 중국 지도자들은 인도를 협상 테이블로 유도하고, 인도와의 군사적 대결을 끝내기 위한 방안으로 인도군을 기습 공격하는 방안을 고려하기 시작했다.

이러한 목표를 추구하는데 있어 중국은 중국과 인도간 군사 충돌 시 중국 본토를 대만이 공격하는 기회로 미국이 이용할 가능성을 우려하였다. 중국의 또 한 가지 걱정은, 라오스가 베트남 전쟁의 전진 기지로 이용되는 것을 막는 것이 인도차이나 지역에서의 미국 외교의 목표인데, 궁극적으로 미국이 라오스를 경유하여 남부 중국을 공격할 가능성에 대해 중국은 우려하고 있었다.

대만 해협에 대한 중국 측 우려와 관련하여, 중국은 미중 간 바르샤바 대사급 접촉을 통해 미국 측 의도를 타진하였다. 미중 접촉에서 'Wang Bingnan' 중국 대사는 대만이 중국 본토 공격을 준비하고 있다고 주장한 데 대해, 미국 대사는 미국은 어떠한 상황에서도 대만의 중국 본토 공격을 지지하지 않는다고 언명하였다.

1962년 제네바 회의에서 라오스 중립 및 미군의 라오스 철

중국의 굴기와 미국의 전략

수가 결정되었는데, 이로써 라오스 문제는 자체적으로 해결되었다. 대만의 본토 공격을 지원할 의도가 없다는 미국의 생각을 확인한 중국은 인도에 대한 히말라야 군사 작전을 최종 결정하게 된다.

1962년 10월 6일 대규모 공격을 위한 전략적 결정이 내려졌다. 공격 명령을 위한 마지막 결정 직전, 중국과 인도 간에 전쟁이 일어나면 소련은 1950년 중소 우호 동맹 조약에 근거하여 중국을 지원할 것이라고 후루시초프 소련 공산당 서기장으로부터 연락이 왔다. 중국의 공격은 2단계로 진행되었는데 최초 공격은 10월 20일에 개시되었고 4일간 지속되었다.

제2단계 공격은 11월 중순경에 있었는데 전통적인 중국 제국 국경선 인근에 위치한 히말라야 산기슭까지 진격하였다. 중국 인민해방군은 거기서 공격을 멈추고 공격을 개시한 지점으로 돌아갔는데, 중국 인도 간 2차례에 걸친 군사적 충돌로 양측에서 4,500명의 인명 손실이 발생하였다.

인도-중국 간 국경 분쟁 지역은 지금도 미해결 분쟁 지역으로 남아 있다. 중국과의 국경 분쟁 과정에서 인도는 중국의 능력을 과소 평가하였다. 인도 정보 당국은 중국의 능력을 오판하였고, 중국이 자신의 안보 환경을 어떻게 보고 있는지를 파악하지 못했으며, 중국의 군사적 위협에 대처하는 방안에 대해서도 중국의 의도를 명확히 파악해 내지 못했다. 이러한 인도 정보 당국의 실수는, 한국전쟁에서 중국 인민해방군에 대한 미군 정보 기관의 오판을 재차 반복한 것이었다.

1962년 중국 인도 간 분쟁에서 중요한 사실 가운데 하나는 중국과 소련 관계가 다시 돌아올 수 없는 지점을 넘어 버렸다는 것이다. 히말라야 전투가 격화될 즈음에 소련은 중립 입장을 채택했는데 후루시초프 소련 공산당 서기장은 중립 입장을 취한 이유가 평화 공존을 증진시키기 위한 것이라고 설명하였다.

이러한 소련의 태도는 중국 지도부를 격분시켰는데, 1962년 12월 중국 인민일보 사설은, 공산주의 국가(소련)가 부르조아 국가(인도)와 전쟁을 치루는 동맹국가(중국)를 지원하지 않은 첫 번째 사례라고 소련을 강력히 비판하였다.

'수슬로프' 소련 공산당 정치국원은 소련이 가장 어려운 시

중국의 굴기와 미국의 전략

기였던 1962년 쿠바 미사일 위기 시기에 중국이 도발한 인도 침략을 강력히 비난하였다.

중국, 소련과 우수리강 국경 충돌

미국은 도브리닌 미국 주재 소련 대사가 소련과 중국 국경 지역인 우수리강 '전바오다오(珍宝島, 다만스키섬)'에서의 중소간 군사적 충돌 결과를 설명해 와서, 충돌을 최초 인지하게 되었다.

중소 국경 지역에서의 중국과 소련 간 군사적 충돌 사태를 검토한 결과, 미국은 충돌이 소련 보급 기지 근처에서 발생하였다는 점에서 소련이 먼저 공격을 개시한 것으로 추정하였다. 그러나 미국의 초기 판단은 잘못된 것이었는데, 최근 역사 연구에 의하면 '젠바오' 군사 충돌은 중국이 먼저 도발한 것으로 판명되었다.

중국이 함정을 파 소련 국경 정찰 부대가 심각한 타격을 입었으나, 중국의 목표는 군사적으로 적을 제압하기보다는 심리

적으로 적에 타격을 가해 적의 공격 의지를 약화시키는 '선제
적 억지 개념'과 맥을 같이 하는 방어적인 것이었다.

그러나 중국의 공격은 정반대의 효과를 가져왔는데 소련군
은 중소 국경 전 지역에서 중공군을 계속 괴롭혔고, 결국 중소
국경 신쟝 지역에서 중공군 1개 대대가 전멸되는 상황이 초래
되었다.

이러한 상황에서 1969년 여름, 미국과 중국은 작은 신호들
을 교환하였는데, 미국은 일부 대중국 무역 제한을 완화하였
고, 중국은 중국 영해에서 표류한 후 중국 측에 억류되어 있던
2명의 미국인을 석방하였다.

1969년 여름 동안 중소 간 전쟁을 암시하는 신호들이 크게
강화되었는데, 중국 국경 지역에 배치된 소련군 사단수는 42
개, 즉 백만 명 이상의 소련군 정예 부대가 중소 국경 지역에
배치되었다.

이러한 상황 진전에 대해 미 행정부는 소련군의 중국 침공
이 임박한 것으로 평가하였다. 1969년 8월 개최된 미 국가안

보회의에서 닉슨 대통령은, 소련이 더 위험한 당사자이며, 만약 중소 전쟁에서 중국이 타격을 받을 경우, 미국의 국익에 반한다는 입장을 언급하였는데 이는 지정학적 요소가 다른 모든 고려들보다 우선한다는 의미였다.

이러한 정책을 추구함에 있어서 미 국가안보회의는 중소 간에 분쟁이 발생할 경우 미국은 중립 입장을 취하되, 이러한 중립 입장의 범위내에서 최대한 중국쪽으로 경사된 입장을 취하는 것으로 정리하였다.

미국 대통령이 한반도에서 미국과 전쟁을 치루고 20년간 적대 관계였던 공산국가의 존립에 대해, 미국의 전략적 이해가 있다고 선언한 것은, 미국의 대외 정책 변화를 예고한 혁명적 순간이었다.

미국은 이러한 결정을 중국에 어떻게 전달할 것인가에 대해 고민했는데, 미 행정부는 두 공산 국가의 충돌은 미 국익에 영향을 미치는 것으로 본다는 입장을 대외에 알리는 방식을 채택하였다.

미국 관리들은 미국이 무관심하고 수동적이지 않을 것임을 알리도록 임무를 부여 받았는데, ‘헬름스Helms’ 미 중앙정보국장은 대언론 브리핑에서, 소련 관리들이 중국 핵 시설에 대해 소련이 선제 공격을 할 경우 다른 공산주의 국가 지도자들은 어떻게 생각하는지에 대해 반응을 탐문하고 있다고 언급하였다.

1969년 9월 5일 ‘리쳐슨Richardson’ 미 국무 차관은 미 정치학회 연설에서 두 공산 대국 간의 이데올로기 차이가 미국의 관심 사안은 아니나, 두 공산 대국 간 군사적 충돌이 국제 평화와 안전의 심각한 위협으로 확대될 경우 우려하지 않을 수 없다고 설명했다.

리쳐슨 차관의 발언은 미국이 무관심하지 않을 것이며, 미국은 전략적 이익에 따라 행동할 것임을 경고하는 것이었다.

당시 미국, 중국, 소련 등에서 발표된 다수의 문서들을 종합해 보면 소련은 미국이 생각했던 것보다 훨씬 더 선제 공격을 검토하였고, 결국 미국 반응의 불확실성이 소련의 선제 공격 계획을 연기하도록 하는 원인이 되었다는 것이다.

중국의 굴기와 미국의 전략

그러한 한 예로 1969년 10월 모택동은 소련의 공격이 임박했다면서 비상시 중국 정부를 이끌어야 하는 주은래 수상을 제외한 모든 지도자들을 중국 각지로 대피시켰고, 중국 핵무기 담당 군부대에 비상 경계 근무를 발동하였다.

미국 경고의 결과였든지, 아니면 공산주의 세계의 자체 내부 동력에 의해서 였든지, 두 공산 대국 간 긴장은 완화되었고 즉각적인 전쟁 위협은 감소되었다.

베트남 지도자인 호지민 장례식 참석을 위해 중국이 아니라 훨씬 긴 항공 루트인 인도를 경유하여 하노이에 도착한 '코시긴Kosygyn' 소련 수상은 돌연 귀국 일정을 중국을 경유하는 것으로 변경하였다.

북경 공항에서 코시긴과 주은래는 3시간 동안 회담하였는데, 주은래 수상은 중소 국경 주요 충돌 지역에서 중소 양국 군대 철수 및 긴장 완화를 위한 몇가지 조치들이 포함된 양해각서 초안을 코시긴 수상에게 제시하였으나, 결국 서명되지는 못했다.

모택동이 비상시에 대비하여 중국 최고 지도자들을 북경 밖으로 소개시키고, '린뱌오林彪, Lin Biao', 국방부장을 통해 전군에 1급 전투 태세 명령을 하달한 1969년 10월 중소 간 긴장은 최고조에 달했다.

중국, 베트남 대규모 무력 침공

베트남은 프랑스와 미국 그리고 중국과 차례로 전쟁을 하였다. 중국의 베트남 침공은 1975년 베트남이 캄보디아를 점령한 후 인도차이나 연방 창설을 기도한 데 대해, 중국이 군사적으로 대응한 것이다.

중국의 베트남 침공은 소련과 베트남이 체결한 상호 방위 조약에 대한 중국의 반발 성격도 있는데, 중국의 베트남 침공으로 중국 인민해방군도 심각한 타격을 받았으나, 중국의 베트남 침공에도 불구하고 미중 간 전략적 협력은 지속되었다.

미국의 베트남과의 전쟁 시, 중국은 10만 명 이상의 비전투 군무원을 월맹에 파견하여 월맹의 기간 산업 건설과 군수 물

중국의 굴기와 미국의 전략

자를 지원하였다. 1975년 미국과의 전쟁 종료 후, 베트남은 전략적 측면에서 미국보다는 중국에 더 위협이 되었다.

기원전 2세기부터 10세기까지 베트남은 중국의 직접 지배를 받았는데, 베트남이 중국으로부터 독립한 것은 당이 멸망한 907년이다. 2차 세계대전 후 프랑스와의 전쟁 및 10여 년간 미국과 전쟁을 한 베트남은 인도차이나와 동남아시아에서 주도권을 잡기 위해 중국과의 일전이 불가피하다는 것을 알고 있었다.

1975년 사이공 함락 후 중국과 베트남은 인도차이나 지역에 대한 주도권 경쟁을 시작하였는데, 미국과 중국은 인도차이나 지역의 '현상 유지status quo'를 희망하고, 인도차이나 지역에 대한 베트남의 헤게모니 장악을 반대하였다.

당시 중국은 베트남 등 인도차이나 지역 국가들과 소련이 연계되는 것을 방지하는 것이 외교 정책의 주요 목표였는데, 미국, 소련, 중국, 베트남은 자국이 포위되지 않도록 하는 대외 정책을 수행하였다. 중국은 오랫동안 적국에 포위되지 않는 것을 대외 정책의 목표로 삼아왔는데, 중국으로서는 베트남에 견제를 위한 균형추로서, 캄보디아의 독립 확보가 인도차이나 지역에서 중국 대외정책의 중요한 목표 가운데 하나였다.

1975년 8월초 중국을 방문한 '키우 삼판' 크메르 루즈 지도자에게 등소평은 '한 초강대국(미국)이 인도차이나로부터 물러나면 다른 초강대국(소련)이 자신의 세력을 팽창하기 위해 기회를 잡는다. 중국과 캄보디아는 제국주의와 헤게모니에 대항하여 투쟁할 과제를 안고 있다'고 주장하였다.

1976년 2월까지 중국은 베트남에 대한 원조를 중단했으며, 이로부터 일년 후에는 베트남에 대한 모든 원조 계획을 중지시켰다.

이런 상황에서 베트남은 소련에 접근했다. 1978년 6월 베트남 정치국 회의 결정에 따라 베트남은 중국을 주적으로 규정하였다. 베트남은 소련이 주도하는 공산권 무역 블록인 '코메콘'에 가입하였다. 1978년 11월 소련과 베트남은 군사 조항이 포함된 우호 협력 조약에 서명하였다. 1978년 12월 베트남군이 캄보디아를 침공하였으며, 중국에 우호적인 크메르 루즈 세력을 무너뜨리고, 베트남에 우호적인 정부를 세웠다.

베트남군의 캄보디아 침공으로 공산주의 권력 센터(소련, 중국, 베트남)에는 이데올로기가 아닌 국가 이익에 근거한 세력 균형 경쟁이 시작되었다. 당시 중국 입장에서 보면 중국 국경을 따라 전략적 악몽이 진행되고 있었는데, 북쪽에서는 소련의 군사력 증강이 지속되어 중소 국경에 소련군 50개 기계화 사단이 배치되었다. 중국의 서쪽에서는 아프가니스탄이 공산 쿠데타로 소련의 영향하에 들어갔다.

1979년 1월 16일 이란에서 팔레비 왕조 붕괴후 'Shah' 이란 대통령의 실각으로 인한 소련의 영향력 확대, 그리고 아시아에서 집단안보체제를 구축하려는 소련의 노력 등은 모두 중국을 봉쇄하려는 의도로 파악되었다.

한편, 소련은 미국과 '전략무기감축협정SALT Ⅱ' 체결을 미국과 협의하였는데, 중국은 미소 간의 전략무기 협정 체결이 병든 소련의 나쁜 기운을 중국 쪽으로 밀어내려는 것으로 인식하였다.

키신저 전 미 국무장관은 외교 전략에 대한 중국과 서방 간의 근본적인 차이점은 '인지된 취약성perceived vulnerability'에 대해 반응하는 데서 알 수 있다면서, 미국이나 서방 외교관들은 도발을 피하기 위해 신중해야 한다고 결론짓는 반면, 중국 외교관들은 '도전defiance'을 확대 과장하는 경향이 있다고 한다.

키신저 장관은 서방 외교관들은 불리한 힘의 균형하에서는 외교적 해결이 불가피하다고 생각하는 반면, 중국 전략가들은 불리한 힘의 균형하에서도 적이 수용할 수 없는 이득을 취하고, 그 전략적 이익이 중국의 이익에 반하게 될 때는, 적의 신용을 훼손시켜서라도 심리적인 우위를 차지하려고 노력하는 경향이 있다고 한다. 이러한 점에서 중국은 핵 군축 시 미소 간 '억지 전략deterrence'을 중국에 대한 '선제 공격preemption'으로 오해하는 경향이 있다.

1979년 2월 17일 중국은 광시, 유난 지역에 배치된 20~40만 명의 인민해방군을 동원하여 베트남 북부 지역을 기습 침공하였다. 중국의 베트남 침공은 기선을 제압하기 위한 중국판 선제 공격이었는데, 중국은 미국의 외교적 지원과 정보 협조를 받았다. 중국의 베트남 침공은 소련에 대한 직접적 도전이었다.

중국이 베트남을 침공한 지 하루만에 소련 정부는 중국의 범죄적 공격을 비난하고 영웅적인 베트남 국민들이 이번에도 자신의 힘으로 침략을 막아낼 것이라는 다소 미온적인 발표를 하였다. 소련은 남중국해에 해군 '기동함대Task Force'를 파견하였고, 하노이에 군용 물자를 공수하였으며, 중소 국경에 공군 정찰을 강화하는 등 제한된 군사 작전을 수행하였다.

소련은 20년 전 대만 해협 위기 시 당시 우군이었던 중국을 지원한 수준으로, 중국이 베트남을 침공한 1979년 새로운 우군인 베트남을 지원했는데, 어느 경우에도 소련은 확전 위험을 피하고자 했다. 중국의 베트남 침공은 29일간 계속되었는데, 역사학자들의 평가에 의하면 전쟁은 비싼 대가를 치른 중국의 실패였다.

중국은 29일간의 전투 기간 중 13년간 미국이 월남전에서 입은 인명 손실(약 58,000명)과 비슷한 규모의 인민해방군 인명 피해를 입었다. 그럼에도 불구하고 중국의 베트남 침공은 소련의 팽창주의를 막기 위한 중국의 장기 전략 분석을 반영한 불가피한 조치로 인식되고 있다.

인도차이나 지역에 소련이 군사 기지를 보유하는 것은 소련에게 태평양과 인도양을 연결하는 '말라카 해협the Malacca Strait' 통과 에너지 자원 통제권을 부여하고, 소련으로 하여금 핵심 해로를 봉쇄할 수 있도록 함으로서, 향후 분쟁에서 소련이 전략적 주도권을 갖게 되는 것을 의미하는 것으로 중국은 인식하였다.

중국은 또한 베트남 전쟁을 통해 미국과 긴밀한 협력을 확보한 것을 큰 성과로 평가하였는데, 이러한 미중 간 협력은 냉전 기간 내내 지속되었다. 중국의 베트남 침공 관련, 최종 패자는 소련이었다. 중국-베트남 전쟁 시 소련이 보여준 소극적 태도는 소련의 쇠퇴를 보여준 첫 번째 징후였다.

일부 분석가들은, 중국의 베트남 침공 1년 후인 1980년에 소련이 아프가니스탄을 침공한 것은, 중국의 베트남 침공 시 소련이 베트남을 적극 지원하지 못한 것을 보상하기 위한 강경 조치가 아닌가 하는 의구심을 갖고 있다.

중국의 베트남 침공은 중국의 군사력이 소련이나 베트남에 비해 강력하지 않음에도 불구하고, 장기적이고 거시적인 전략

중국의 굴기와 미국의 전략

목표를 달성하기 위해 중국 지도자들이 군사력을 사용한 좋은
예다. 중국의 전략적 사고에는 군사적으로 우월한 군대와 대
적하면서도 차분함을 유지하는 경향이 있는데 한국전쟁 시 중
국의 개입 결정도 그러한 예이다.

키신저 전 미 국무장관은 일견 지역 문제로 보인 한국전쟁
과, 베트남의 캄보디아 점령에 대해 중국은 세계적 투쟁의 전
략적 중심으로 인식한 것이라면서, 중국은 한국전 개입과 베
트남 침공이라는 두 번의 군사적 관여를 통해 자신의 안전을
위협할 수 있는 초 강대국(미국, 소련)과 군사적으로 맞서는 상
황을 초래했지만, 두 차례의 군사적 관여에서 '지형terrain'과
개입 시점을 모두 중국이 선택하는 유리한 상황을 도출해 냈
다고 평가하였다.

한국전 참전과 베트남 공격을 통해 중국은 대규모 병력 손
실을 입었으나, 주목할 만한 전략적 목표를 달성했는데, 냉전
의 핵심 시기에 중국은 공세적 억지 독트린을 성공적으로 적
용하고 실행한 것이다. 중국은 베트남에 대한 소련의 군사 지
원의 한계와 베트남에 대한 소련의 전략적 지배의 한계를 노
출시키는 데 성공하였다.

싱가포르 리관유 수상은 중국의 베트남 침공에 대해 서방 언론은 실패로 규정했지만, 나는 중국의 베트남 침공이 동아시아 역사를 바꾸었다고 믿는다고 주장하였다.

중국과 러시아 관계

"

러시아, 중국, 이란 반미 삼각 협력의 중심에는
중국이 있다. 반서방, 반미 삼각 협력은 중국이
불만을 품고 좌절하여 적대적으로 될때 가능하게 되는데,
이러한 점에서 중국을 잘 관리하는 것이 중요하다.

미국이 일본과의 군사 협력을 무모하게 확대하여 중국을
불필요하게 자극할 경우, 미국과 중국 간 전략적 합의
도달이 방해받을 수 있고, 이로 인해 유라시아 대륙에서
미국이 밀려나는 어려움에 처할 수 있다.

"

러시아의 지정학적 환경

러시아 우랄 이동 지역은 광대한 영토에 비해 인구가 부족한데, 러시아는 이 지역에 대한 중국인 유입을 우려하고 있다. 중국 동북 3성 지역 인구가 약 1억 5천만 명인데 비해, 러시아 우랄 이동 지역 인구는 3천 5백만 명에 불과하다.

브르제진스키 전 미 대통령 안보보좌관은 미국과 중국 관계가 긴밀해지는 데 대해 러시아의 우려가 있다면서, 중요한 것은 러시아가 스스로의 장래에 안전을 느끼고, 러시아 극동 지역이 러시아로부터 분리되지 않을 것이라는 확신을 가질 수 있도록 미국이 '지정적학 환경geopolitical context'을 만들어 갈 필요가 있다고 주장하였다.

상하이 협력기구가 러시아에게 양날의 칼이 되고 있는데, 당초 러시아는 중국의 중앙아 진출을 견제하기 위해 상하이 협력기구 창설을 조직하고 참여했지만, 현재 상하이 협력기구 는 중국의 중앙아 진출을 합법화하는 기구로 운영되고 있다.

러시아는 전 세계 경제 중심 지역인 아시아, 유럽, 중동과 육로로 연결되는 유리한 지정학적 환경을 보유하고 있는데, 소련 붕괴로 인해 러시아가 다양한 지정학적, 전략적 우위를 상실했음에도 불구하고 러시아는 여전히 국제 정치에서 강력한 영향력을 행사하는 국가로 계속 남을 것이다.

소련의 붕괴로 러시아의 지정학적 강점이 크게 줄었는데, 발트 3국 분리 독립으로 발트해에 위치한 에스토니아 수도 탈린과 라트비아 수도인 리가항을 상실하게 되어 발트해 접근이 제한되었다. 러시아에게는 발트해에서의 부동항의 상실을 의미하는 것이다.

우크라이나 독립으로 오랫동안 지중해를 통해 '핵심 관문 vital gateway' 역할을 해온 '오데사Odessa 항'을 잃어버린 것은 러시아의 지중해 접근이 제한되는 결과를 가져왔다.

중국의 굴기와 미국의 전략

또한 그루지아, 아르메니아, 아제르바이잔 독립으로 흑해 지역에서 터키의 영향력이 강화되었는데, 1991년 소련 붕괴 이전에 소련 해군은 지중해로 해군력을 전개하는 출발점으로 흑해를 이용해 왔다.

소련 남동 지역에 위치한 중앙 아시아 국가들의 독립으로 인해 소련의 호수였던 카스피해도 이란, 아제르바이잔, 러시아가 함께 사용하는 바다로 변모되었다.

러시아는 어디로 가야 하는가

러시아는 장기적으로 유라시아 강대국으로 존재하기 위해 노력하기보다는 '유럽연합EU' 가입을 통해 '유럽화Europeani-zation'를 지향해야 할 것으로 보인다.

러시아의 유럽화는 러시아가 '유럽연합EU'에 가입하여 사회, 경제적으로 자유 민주주의와 시장 경제를 추구하는 유럽의 일부가 되고, 장기적으로는 러시아가 '북대서양조약기구NATO'의 일원이 되어, 정치 군사 안보적으로도 미국과 연계된 유럽의 일원이 되는 것이 러시아는 물론 전 인류의 평화와 번영에 도움이 될 것이다.

브르제진스키 전 미 대통령 안보보좌관은 러시아가 중국과 이란과 협력하면서, 미국과 유럽을 견제하고, 과거 소련 제국의 부활을 도모하는 정책은 장기적으로 러시아에게 도움이 되지 않을 것이며, 세계 평화와 국제 안보에도 저해되는 것이라고 주장하면서, 러시아, 중국, 이란 반미 삼각 동맹 협력의 중심에는 중국이 있는데, 반서방, 반미 3각 동맹 협력은 중국이 불만을 품고 좌절하고 적대적이 될 경우 가능하게 된다고 지적하였다.

이러한 점에서 미국은 중국을 잘 관리하는 것이 중요한데, 미국이 중국을 전략적 대화 상대로 인정하면서 다양한 차원의 전략 대화를 지속해 나가려는 이유가 바로 여기에 있다고 하겠다.

브르제진스키 안보보좌관은 유라시아 대륙의 동북 아시아 지역에서 미국은 중국의 지역 강대국 지위를 인정하고, 경제적 영향력을 통한 일본의 국제적 리더쉽을 인정하는 방식으로, 미국, 중국, 일본 간의 3국 관계를 조정해 나가야 한다면서, 동북 아시아 지역에서 미국의 지정학적, 전략적, 군사적 대응 방안과 관련하여, 미국이 일본과의 군사 협력을 무모하게 확대하여 중국을 불필요하게 자극할 경우, 미국과 중국 간 전략적 합의 도달이 방해받을 수 있고, 이로 인해 유라시아 대륙에서 미국이 밀려나는 어려움에 처할 수 있다고 주장하였다.

브르제진스키 안보보좌관은 따라서 미국은 유라시아 대륙 전체에 걸쳐서 중국, 러시아, 인도 등 유라시아 대륙 주요 국가들과 '안정적인 지정학적 다원주의stable geopolitical pluralism'를 강화해 나가는 노력이 매우 중요하다고 주장한다.

푸틴 러시아 대통령 재선 이후 러시아와 유럽연합EU은 러시아내 인권 문제, 시리아 문제 등으로 매우 어려운 관계에 있으며 앞으로도 관계가 별로 개선될 가능성이 없어 보인다.

많은 러시아 엘리트들은 유럽연합이 구소련 국가들에서 반러시아 정서를 자극하고, 인권문제 등 러시아 국내 문제에 관여하려 한다며 유럽연합을 더 이상 정치적, 경제적 파트너로 인식하고 있지 않다. 유럽연합도 러시아와의 관계를 강화하는 것이 유럽연합의 장기적 발전에 도움이 되지 않는다고 인식하

고 있고 러시아에 대한 불신이 점증하고 있는데, 이러한 러시
아와 유럽연합 간의 상호 불신은 상당히 심각한 수준이다.

중국과 소련, 사회주의 주도권 경쟁

소련 지도자 스탈린이 1953년 사망하자, 후루시초프가 스
탈린을 승계하였다. 1949년에는 모택동이 중국 본토를 공산
화하였고, 1950년 한국전쟁 시 중국은 대규모 군사 개입을 하
였다.

키신저 미 국무장관은 중국과 소련 관계는 '중국 중심 sino-
centric view'의 중화 사상과, 중국 공산당 이데올로기에 대한
중국의 독자적 해석, 그리고 중소 양국간 문화, 인종, 언어,
종교, 정치, 경제, 사회 등 다양한 차이가 상호 영향을 미치고
있다고 설명하였다.

1955년 소련은 '나토NATO'에 대항할 목적으로 동구 위성
국가들을 포함하는 바르샤바 동맹조약을 창설하고 중국에게
참여를 제의했는데 모택동은 거절하였다. 모택동은 1955년

중국의 굴기와 미국의 전략

‘아시아 아프리카 반둥 회의’에 주은래 수상을 파견하였다. 반둥 회의에서 중국은 미국의 압력에 대항하기 위해 비동맹 그룹을 창설하였고, 소련의 지지를 요청하였다. 중국이 비동맹 그룹을 창설한 의도에는, 소련의 헤게모니에 대항하기 위해 아시아 아프리카 국가들을 결집시키려는 목적도 있었다.

중국과 소련 두 공산 대국은 처음부터 경쟁 관계였으며, 중국과 소련의 근본적 차이는 두 사회의 본질적 차이에 있었다.

소련은 소련 사회의 ‘보편적 영감universal inspiration’을 다른 사회에 강요하지 않았다. 왜냐하면 러시아 인구의 상당 부분은 러시아인이 아니며, 러시아의 위대한 지도자인 피터 대제나 케터린 여제는 러시아인보다는 유럽의 학자나 전문가들을 초빙해서 그들의 의견을 청취했다.

이러한 러시아 방식은 세계 최고의 문명을 자랑하는 중국의 지도부로서는 상상하기 어려운 것이었을 것이다. 러시아 군주들은 러시아의 위대함보다는 러시아 국민들의 인내심에 호소했다.

키신저 미 국무장관은 러시아 외교는 우월한 힘에 의존하고, 이미 '확정된 입장fixed positions'을 고수하며, 대외정책을 '참호전trench warfare'으로 인식하는 경향이 있다고 한다.

반면 중국은 수백 년 동안 잘 조직된 정치 조직을 보유해 왔는데, 중국의 통치자들은 중국인들에게 근면하게 일하면 전 세계에서 가장 위대한 국민이 될 수 있다고 가르쳐 왔다.

그러한 중국이 불가피하게 러시아의 주니어 파트너 역할을 한다는 것은 중국으로서는 불가능하다는 것을 알았을 것이다.

중국이나 소련과 같이 이데올로기가 중요한 기준이 되는 사회에서는 정당성을 규정하는 방식이 매우 중요한데, 자신이 선생이고 대단한 철학자라고 생각한 모택동이 공산주의 세계의 지적 지도력을 결코 소련에 양보할 수는 없었을 것이다. 소련의 입장에서 보면, 소련 제국의 단합을 저해하고 막시즘에 대한 개별적 해석을 하려고 시도하는 중국이 위협적이었을 것이다.

중소 양국은 처음에는 뉘앙스에 대한 해석의 차이로 인한

중국의 굴기와 미국의 전략

짜증이 이론과 실제에 있어 분쟁이 되었고, 결국 군사적 충돌
로까지 이어졌다.

1930년대와 1940년대에 중국은 소련 경제 정책을 모델로
해서 시작하였는데, 1952년 주은래 수상은 제1차 중국 경제 5
개년 계획을 추진하기 위해 소련을 방문하였다. 1953년 초 스
탈린은 경제 정책 입안 시 보다 균형된 접근과, 년간 경제 성
장률을 13~14% 정도로 할 것을 중국에 권고하였다. 1955년
12월 모택동은 다른 소련 위성국가들에 비해 중국이 안고 있
는 여러 도전들을 열거하면서, 중국 경제가 소련 경제와 다르
다면서 소련의 권고를 공개적으로 거부하였다. 모택동은 1956
년 4월 경제 정책에 관한 연설에서 사회주의로 가는 중국의 길
은 '고유 unique'하며, 소련의 사회주의보다 우월하다는 점을 강
조하였다.

1956년 2월 제20차 당 대회 비밀회의에서 후루시초프 소련
공산당 서기장은 스탈린의 범죄 행위를 비판하였는데, 소련
대표자들을 제외한 사회주의 국가 대표들은 회의장 입장이 허
용되지 않았으며 사전에 연설문도 받지 못했다.

중국은 스탈린 유산의 이데올로기적 중요성을 강조하면서, 후르시초프 소련 공산당 서기장의 탈 스탈린 이니셔티브가 부르조아 수정주의로 회귀하려는 기도라고 비난했다.

사회주의권 단합을 회복하기 위한 노력의 일환으로 후루시초프 소련 공산당 서기장은 사회주의 국가 회의를 1957년 모스크바에서 개최했는데, 중국의 모택동이 참석했다.
모택동은 평생 두 번 해외를 방문했는데 1957년 모스크바 방문이 모택동의 마지막 해외 체류였다.

소련이 최초로 우주에 괘도 비행 우주선 '스푸트닉Sputnik'을 발사한 1957년에 개최된 모스크바 사회주의 국가 회의에서는 소련 기술과 국력이 상승 국면이라는 분위기가 지배했다.

이 회의에 참석한 모택동은 '동풍이 서풍을 제압했다the East Wind prevailed over the West Wind'고 주장하면서, 중국은 자주권을 강화할 더욱 강력한 입지에 있다고 하였다.

모택동은 후일 자신의 주치의에게 '소련의 진짜 목적은 우리를 통제하려는 것'이라고 하면서 '소련은 우리의 손발을 묶

으려 하는데 이는 꿈을 이야기하는 바보 같은 희망 사항일 뿐'
이라고 일축했다.

한편, 1957년 모스크바 회의에서 후루시초프 소련 공산당 서기장은 1956년 소련 공산당 제20차 전당대회에서 채택된 자본주의 세계와의 '평화 공존' 입장을 재확인하였다.

모택동은 1957년 모스크바 회의 연설에서 후루시초프 서기장의 '평화 공존' 정책에 대항하여, '제국주의에 대한 무장 투쟁'을 주장하였는데, 중국은 3억 명이 죽더라도 핵 전쟁을 두려워하지 않으며, 핵 전쟁에서 승리할 것이라고 후루시초프 서기장의 평화 공존 정책을 강력히 비난하였다.

중국과 소련은 지속적으로 공개적 논쟁을 하면서도 형식적으로는 동맹 국가였다. 후루시초프 소련 공산당 서기장은 중국과의 동지적 관계를 회복하기 위해 몇 가지 노력이 필요하다고 생각했던 것 같다.

핵 전쟁에 대한 두려움으로부터 야기된 후루시초프 서기장의 평화 공존 정책과 중소 동맹 정책이 서로 양립하기는 어렵다고 모택동은 판단했을 것이다.

모택동은 위기 상황 발생 시 소련이 핵 전쟁에 대한 공포로 인해 중소 동맹을 폐기할 수도 있다고 생각했던 것 같다.

1958년 후루시초프 소련 공산당 서기장은 중국 주재 소련 대사를 통해 소련 잠수함들과의 원활한 통신을 위해 중국 내에 무선 통신 기지국을 설치하고, 소련 해군의 중국 항구 사용 대가로 소련이 중국의 잠수함 건조를 돕겠다는 제안을 했는데, 모택동은 일언지하에 거절하였다.

모택동을 달래기 위해 후루시초프 서기장은 1958년 중국을 방문했는데, 이 자리에서 후루시초프는 태평양 연안에 위치한 중국 항구를 소련 해군이 사용할 수 있도록 허락해 주면, 북극해에 있는 소련 잠수함 기지 접근권을 중국 해군에게 허용하겠다고 제의하였다.

모택동은 모든 국가는 자신의 영토에 군대를 주둔시켜야 한다면서 후루시초프 서기장의 제안을 거부하고, 과거 영국 등 외국군의 중국 주둔을 허용했지만 앞으로는 중국땅이 그들의

목적으로 사용되도록 더 이상 용인하지 않을 것이라고 주장하
였다.

1958년 후루시초프 서기장이 중국을 방문했을때, 모택동은
1949년 12월 자신이 모스크바를 처음 방문했을 때, 짐짓 점
잔빼던 스탈린의 행동에 대해 후루시초프 서기장에게 다음과
같이 불평하였다.

'중국 공산당 혁명이 성공한 후 스탈린은 중국 공산 혁명의
성격에 대해 의구심을 갖고 있었다. 스탈린은 중국이 또 다른
유고슬라비아가 될 것이라고 믿고 있었기 때문에 중국과 우호
조약 체결을 원치 않았으며, 국민당과의 오래된 조약을 무효
화 하려고 하지도 않았다.'

1958년 후루시초프 서기장의 중국 방문 둘째 날 모택동은
후루시초프 서기장과 수영장에서 면담했는데, 수영을 못하는
후루시초프는 '날개꼴 부낭water wings'을 입고 수영하면서 대
화를 해야 했다. 후루시초프는 자신을 유리한 위치에 두려는
모택동 방식이라고 불평했다.

후루시초프 소련 공산당 서기장은 1959년 10월 미국 방문 후 아이젠하워 미국 대통령과의 정상회담 결과를 모택동에게 설명하기 위해 10월 3일 중국을 잠시 경유 방문했을 때 중소 양국 관계는 더욱 악화되었다. 중국 지도자들은 히말라야 티벳 지역에서 인도-중국 간 국경 충돌에 대해 후루시초프 서기장이 중립 입장을 표명한데 대해서도 분개하였다.

후루시초프 서기장은 중국에게 매우 민감한 달라이 라마 문제를 제기하면서, 1959년 초에 발생한 티벳 폭동을 중국이 강력히 대응하지 못한 결과, 달라이 라마가 북부 인도로 피난할 수 있게 되었다면서 모택동을 비난하였다.

이처럼 1950~1960년대에 중국과 소련은 사회주의 주도권을 두고 사사건건 다투고 경쟁하였는데 이는 중국과 소련이 사회 문화적으로 매우 다른 국가라는 점과 양국 지도자들의 독특한 성격과 개성이 작용한 결과이다.

중국의 시베리아 침투에 대한 러시아의 우려

스코크로프트 전 미국 대통령 안보보좌관은 만약 러시아에게 '지정학적인 적geopolitical enemy'이 있다면 이는 중국일 것이라고 하면서, 시베리아는 중국과 러시아 간 충돌 가능성이 가장 큰 지역 가운데 하나이며, 장기적으로 중러 양국이 파트너가 될 가능성은 거의 없다고 하였다.

러시아 자유민주당 당수인 '지리놉스키Zhirinovsky'는 오랜 기간 동안 중국은 전쟁을 회피하는 시스템을 구축하고 경제력 강화에 집중해 온 반면, 러시아는 지난 수십 년 동안 전쟁이 끊이지 않았다면서 결과적으로 중국과 러시아 간 오늘의 경제력 격차가 야기되었다고 주장하였다.

'티아구노프Tiagunov' 러시아 연방 하원 의원은 러 극동 시베리아 지역에 대한 중국의 합법적 침투에 우려를 표하면서, 중국 당국이 20대 중국 젊은 남성과 40대 러시아 여성을 결혼시켜, 러시아 국적을 합법적으로 획득하게 한 후, 중국인 수십-수백 명을 러 시베리아 지역으로 이주시키는 방식으로 중국인

들의 시베리아 지역 유입이 합법적으로 이루어지고 있다고 주
장하였다.

티아구노프 의원은 과거 유고슬라비아 연방이 이민 정책
실패로 붕괴되었다면서, 유고인들은 어렵고 힘든 일을 싫어
해 알바니아, 루마니아 등 주변 국가들로부터 근로자들을 다
수 받아들였고, 이들 외국 근로자들의 출산율 증가로 인해 유
고 연방내 민족간 인구 불균형이 심화되어, 결국 다민족 국가
인 유고 연방이 붕괴되었다면서, 러시아도 유고 연방의 붕괴
를 교훈으로 삼아 이민 정책을 잘 수립하여 처리해 나가야 한
다고 주장하였다.

중국의 굴기와 미국의 전략

미국–러시아 관계와 미국–일본 관계

"

중국이 굴기하고 있는 현 시점에서 일본은
첫째, 중국이 현대화, 개방화 여파를 감당하지 못하고
분열되는 상황과 둘째, 중국이 현대화, 개방화에 성공하여
초강대국으로 부상하는 시나리오 등을 고려하면서
대응 전략을 구사할 것이다.

일본은 미국과 중국관계가 악화될 경우
그 사이에서 피해를 보지 않기 위해 다양한 방안들을
강구할 것으로 보인다.

"

미국, 유라시아 안보 시스템 구축 필요

러시아는 18~20세기에 발생한 세계 3대 혁명을 겪은 나라 (프랑스, 러시아, 이란) 가운데 하나이며, 실패한 공산주의를 실험한 국가이다.

러시아에게는 몇 가지 우려가 있다. '북대서양 조약기구 NATO' 확대를 우려하고 있고, 중국에 대한 우려가 있으며, 러시아가 현재의 영토를 유지할 수 있을지에 대한 우려도 있다. 러시아가 유럽의 일부가 될 수 있을지에 대해서도 확신하지 못하고 있다. 러시아는 미국과 중국이 전략적 파트너가 되는 것에 대해서도 우려하고 있는데 미중 관계가 긴밀해질 경우, 중국과 러시아 관계에서 중국이 다양한 수단을 갖게 될 것으로 생각한다.

미국의 입장에서 중요한 것은 러시아가 미국 유럽 등과 더 많은 정치, 경제, 문화적 관계를 갖도록 러시아에게 다양한 선택들을 부여해야 한다.

러시아가 과거 소련 제국 부활의 향수에 젖어 제국 부활을 위해 노력하지 않도록 해야 하는데, 이를 위해 미국은 러시아를 위해 '지정학적 환경geopolitical context'을 만들어 갈 필요가 있다. 미국은 중앙 아시아 국가들이 러시아의 영향력에 갇혀 있지 않도록 중앙아 국가들과 긴밀한 협력 관계를 지속할 필요가 있다.

유럽 등 서방 전문가들은 러시아가 궁극적으로 '유럽연합EU'과 '북대서양 조약기구NATO' 가입 등을 통해 유럽 쪽으로 방향을 선회할 것으로 보지만, 푸틴 대통령의 재집권 등을 고려할 때 러시아가 루비콘 강을 건너는 데는 아직 시간이 필요할 것으로 보고 있다.

브르제진스키 전 미 대통령 안보보좌관은 범세계적 안정을 위한 핵심 이슈들에 대한 효율적 협력을 위해 미국, 유럽, 중국, 일본, 러시아, 인도와 그 외 주요 국가들이 포함되는 범 유라시아 안보 시스템 구축이 필요하며, 이를 통해 유라시아 대륙 문제에 대한 미국의 부담을 점진적으로 줄여 가면서도, 유라시아 대륙에서 미국이 안정자 그리고 조정자로서의 역할을 공고히 할 필요가 있다고 지적하였다.

일본, 미중 관계 악화 시 피해 최소 방안 강구

1854년 미 페리 제독에 의해 문호를 개방한 일본은 봉건주의를 거쳐 서방의 의회 제도를 받아들이고 프러시아 군 제도와 영국식 해군 제도를 도입하였으며, 천황제를 유지하면서 경제 우선주의 정책과 특유의 일본 문화를 고수하면서 일본 1등주의를 구축해 왔다.

브르제진스키 안보보좌관은 미일 관계에서 중국이 주요한 변수가 되고 있다면서, 일본은 미일 관계를 원만히 유지하면서 일중 관계에 문제가 생기지 않도록 관리해 나가려 할 것이

며, 어떤 이유로든 미국과 중국 관계가 악화될 경우, 일본은
그 사이에서 피해를 보지 않도록 다양한 방안들을 강구할 것
으로 보인다고 주장하였다.

미국은 중국을 가장 중요한 '아시아 대륙 파트너mainland Asia
partner'로 간주하고 있으며, 일본을 가장 중요한 '태평양 파트
너Pacific Ocean partner'로 인식하고 있다.

브르제진스키 안보보좌관은 미국은 대아시아 안보 정책에
있어 일본, 중국 등 어느 한 국가에 기속되지 않고, 미국의 국
익에 입각하여, '개방정책open policy'을 추구해 나가거나 또는
일본, 중국 어느 일방에 의해 미국의 행동이 제약되지 않도록
중심적 역할을 해 나가면서, 주요 안보 이슈에 대해 아시아 역
내 국가들이 미국과 상호 협의하도록 유도하는 정책을 추구해
나가야 할 것이라고 주장하였다.

중국이 '굴기崛起'하고 있는 현 상황에서 일본은 첫째, 중국
이 현대화, 개방화 여파를 감당하지 못하고 분열되는 상황과,
둘째, 중국의 현대화, 개방화가 성공해서 초강대국으로 부상
하는 시나리오 등을 고려하면서 대응 전략을 구상할 것으로

보인다.

일본 입장에서 보면 안보와 대외 정책을 어느 정도까지 미국으로부터 독립적으로 가져갈 수 있을 것인지도 중요한 문제다. 미국 입장에서 보면 일본이 정치적 군사적으로 독자성을 확보하기 전에 일본과 광범위한 정치적 협력 관계를 만드는 것이 중요하다.

미국은 일본과 미국령인 괌 지역에 강력한 군사력을 배치하고 있는데, 요코다 공군 기지, 요코스카 해군 기지, 사세보 해군 기지, 오키나와 해병대 기지와 18비행단, 가데나 공군 기지 등이 있으며, 미 7함대는 원정 강습단, 상륙 전단 등을 운용하고 있고, 괌 엔더슨 공군기지 36비행전단 등을 통해 막강한 해·공군, 해병대 전력을 보유하고 있다.

동아태 지역에 배치된 미군 전력은 북한 위협에 대처하고, 말라카 해협 등 해상의 자유 통항 확보 및 남중국해 등 지역 영토 분쟁에 대응하며, 중국 러시아 등의 군사적 동향에도 대비하기 위한 것으로 보인다.

21세기
세계 질서 전망

"

2025년 경까지 초강대국으로서 미국의
세계 질서 주도 역할은 쇠퇴할 것이나 미국의 공백을
중국 등 어느 한 국가가 메우기는 어려울 것이다.

유리시아의 아시아 지역에는 두 가지 위험이 도사리고
있는데, 하나는 중국, 인도, 파키스탄이 관련된
'삼각관계triangle'이고, 둘째는 중국, 일본, 한국(대만)이
연관된 삼각관계이다.

"

2025년 이전, 미국의 쇠퇴

2001년 미국 뉴욕에서 발생한 9·11테러 및 미국의 아프가니스탄, 이라크 전쟁, 그리고 2008년 세계 금융위기 발생 등을 거치면서, 미국 경제의 취약성이 노출되었으며, 미국의 유일 초강대국 지위가 위협을 받고 있다.

브르제진스키 전 미 대통령 안보보좌관은 자신의 저서 '전략적 비젼strategic vision'에서 2025년경까지 초강대국으로서 미국의 세계 질서 주도 역할은 쇠퇴할 것이나, 미국의 공백을 중국 등 어느 특정 국가가 메우기는 어려울 것으로 보인다고 예측하였다.

오늘날 중국, 인도, 러시아, 브라질 등 세계의 부상하는 국가들이 세계 질서 관리 과정에서 중요한 역할을 수행하고 있음에도 불구하고, 환경, 해양, 외기권, 사이버 공간, 수자원 관리, 기후 변화, 핵 비확산 등 범세계적 문제에 있어서 미국과 유럽이 의견 일치를 이루거나, 미국과 중국 또는 러시아가 의견 합치를 이루더라도 전 지구적 의견 일치를 도출해 내기는 쉽지 않다.

브르제진스키 안보보좌관은 이러한 범세계적 문제들을 해결하기 위해서는 공정하고 평화적인 방식으로 책임의 배분을 위한 범세계적 컨센서스 개발이 중요하다면서, 미국의 쇠퇴가 예상되는 2025년경까지의 기간 동안 세계적, 지역적 강대국 간 세력의 재조정과 이합집산이 있을 것으로 예상되나, 중국 등 어느 특정 국가가 완승하기는 어려울 것으로 보인다고 전망하였다.

미국이라는 범세계적 지도 국가의 지위가 흔들리는 2025년경까지의 기간 동안 국제적 불확실성이 증폭되고 경쟁국가들 간 긴장이 강화될 것이며, 따라서 지역적 협력은 오히려 약화될 것으로 예상된다. 일례로 중국은 Senkaku, Paracel,

Spratly Islands 등 주변 해역의 분쟁 수역을 모두 자신의 영유권으로 주장하고 있으며, 최근 해군력을 대폭 강화하고 있다. 러시아와 인도, 일본도 해군력 강화를 위해 노력하고 있다.

역사적으로 경쟁해 왔던 국가들은 무력 사용을 포함해서 더욱 노골적으로 지역 패권 확보를 위해 경쟁할 것으로 보이며, 기후 변화, 환경 등 인류 공통 과제들에 대한 관심과 문제 해결 노력은 편협한 국내적, 민족적 관심사에 밀려 약화될 것으로 보인다.

중국, 인도 등 인구가 많고 경제적으로 부상하는 국가들은 세계은행, '국제통화기금IMF' 등 국제경제기구들에서 미국, 유럽 등 선진국에 집중된 투표권의 조정을 요구하고 있다. 중국, 인도 등 신흥국들의 이러한 주장은 정치적으로 새롭게 깨어나고 있는 아프리카, 중동 등 개발도상국가 국민들의 민주화 요구와 함께 현 국제질서를 변화시키고 혼란을 가중시키는 동력으로 작용할 것으로 보인다.

일본, 인도, 러시아, EU 국가들은 미국의 쇠퇴를 간파하고 미국 이후의 상황 대응 준비에 착수했는데, 중국의 부상에 대응하는 방안으로 일본은 유럽, 인도와의 연계와 협력을 강화할 것으로 보이며, 러시아는 미국의 쇠퇴를 틈타 구소련 소속 독립 공화국들에 대한 장악력을 강화하려고 기도할 가능성이 크다.

미국의 쇠퇴에 대처하기 위한 방안으로 독일과 이태리는 경제적 이익 강화를 위해 러시아와의 협력 강화를 모색할 것으로 보이며, 프랑스와 중부 유럽 국가들은 '유럽 연합EU'의 정치적 위상 강화를 모색하면서 대응하려 할 것이고, 영국은 EU의 조정자 역할을 계속하면서 쇠퇴하는 미국과의 특별한 관계 지속을 위해 노력할 것으로 보인다.

군사적으로 미국의 보호를 받고 있는 일본은 중국의 우위를 수용하거나 또는 중국의 헤게모니에 반대하는 인도와의 동맹을 모색하는 힘든 결정을 해야 할지도 모른다.

중국의 경제 군사적 '굴기崛起'를 두려워하기는 러시아도 마찬가지인데, 러시아가 인도, 중국 등 유라시아 국가들과 미래를 함께 하려 할지, 또는 독일, 프랑스, 이태리 등 유럽 국가들과 장래를 함께 할지도 아직 분명치 않다.

제국주의 중국의 DNA 속에는 본질적으로 신중함과 인내심
이 내재되어 있는데 그러면서도 중국은 야망이 있으며, 자부심
이 강한 나라이다. 중국의 한 저명 인사는 포럼에서 미국의 쇠
퇴와 중국의 부상은 필연적이라고 하면서 다만 중국은 미국의
쇠퇴가 급격히 이루어지는 것을 바라지 않는다고 언급하였다.

이에 미루어 보건데 중국 지도자들은 중국이 세계적 주도권
을 주장하는 것을 신중히 자제하고 있으며 아마도 중국은 아
직도 등소평의 '도광양회韜光養晦, 빛을 숨기고 힘을 기른다'를
지도 지침으로 삼고 있는 것으로 보인다. 등소평의 '韜光養晦'
는 우연히도 고대 중국의 전략 지침인 '손자Sun Tzu'의 병법 전
략과도 일치한다.

2025년 이후, 새로운 지정학적 균형

미국이 안고 있는 대외정책 측면에서의 위협과 장기적 도전
은 주로 유라시아 대륙으로부터 유래하는데, 구체적으로는 중
동 지역, 중국 신쟝 지역, 러시아 코커서스, 중앙아시아 지역
등이다. 범세계적 안정에 대한 장기적 도전들의 중심이 서쪽

에서 동쪽으로, 유럽에서 아시아로, 미국에서 중국으로 이동하는 추세라고 볼 수 있다.

중국, 러시아, 인도 등 유라시아 대륙의 강대국들은 이란, 아프가니스탄, 이스라엘-팔레스타인 문제 등 미국이 안고 있는 도전들을 대처하는 데 있어서 미국과의 직접 대립은 피하면서도 신중히 접근하고 있다. 미국은 이러한 문제들을 대처하는데 있어서 장기적이고 전략적인 비전하에 유라시아 지역 강대국들과 협력하면서 보다 안정적이고 협력적인 대 유라시아 정책을 수행해 나가야 할 것으로 보인다.

1991년 소련 붕괴로 미국이 유일 초강대국이 된 이후 지난 20년 동안 유라시아 대륙에는 많은 변화가 있었는데, 단일 통화 채택에도 불구하고 유럽은 정치적으로 강화되지 못했으며, 러시아와 터키는 '유럽 연합EU'에 가입하지 못한 채로 서구의 변방으로 남아 있고, 동쪽에서는 중국이 경제, 정치, 군사적으로 강화되고 있어, 동아시아 지역 국가들의 불안이 점증하고 있는 상황이다.

브르제진스키 전 미 대통령 안보보좌관은 유럽과 새롭게 부

중국의 굴기와 미국의 전략

상하는 아시아가 모두 위치해 있는 유라시아 대륙은 2025년 이후 세계 질서 안정의 핵심적 요소인데, 이를 위해 미국은 '보다 확대되고 역동적인 유럽A Larger and vital West'과 '안정되고 협력적인 새로운 아시아A stable and cooperative new East'를 만들어 갈 필요가 있다고 주장하였다.

보다 확대되고 역동적인 유럽을 위해서는 러시아와 터키를 '유럽 연합EU' 등 서유럽 시스템에 편입시키려는 노력이 중요하며, 유럽의 자유 민주주의와 시장 경제 가치를 이들 국가들에게 확대하고 보장하기 위한 노력이 긴요하다는 의미이다.

브르제진스키 안보보좌관은 유라시아의 아시아 지역에는 두 가지 위험이 도사리고 있는데, 하나는 중국, 인도 파키스탄이 관련된 '삼각관계triangle'이고, 둘째는 중국, 일본, 한국(대만)이 연관된 삼각관계라고 하면서, 중국은 아래 6가지 전략 목표를 고려하면서 대외 정책을 추진해 나갈 것으로 전망하였다.

첫째, 잠재적, 지정학적 중국 포위에 내재된 위험을 감소시키려고 노력할 것이다. 즉 미국과 일본, 한국, 필리핀과의 군사 동맹 조약, 인도양과 말라카 해협을 해군력으로 제압하고

있는 미국, 인도 등에 의해 중국의 중동, 아프리카, 유럽으로
의 접근이 차단될 가능성, 중국의 육로를 통한 유럽에의 접근
이 러시아와 중앙 아시아 국가들에 의해 봉쇄되어 있는 상황
에 대한 위험을 줄이기 위해 노력할 것이다.

둘째, 한중일과의 '자유무역협정FTA' 체결 등 동아시아 커뮤
니티에서의 중국의 위상 강화를 위해 노력할 것이다.

셋째, 인도에 대한 견제 세력으로서 파키스탄과의 관계 강
화를 통해 아라비아해와 페르시아만으로의 접근성 확보를 위
해 노력할 것이다.

넷째, 러시아에 비해, 중앙 아시아와 몽골에 대한 압도적인
경제적 영향력 확대를 통해 이들 지역으로부터의 천연 자원
확보를 위해 노력할 것이다.

다섯째, 1국 2체제 방식을 통한 대만 문제 해결을 위해 노
력할 것이다.

여섯째, 중동, 아프리카, 라틴 아메리카 국가들에 대한 경제

중국의 굴기와 미국의 전략

적, 정치적 영향력 확대를 통해 자원, 농산품, 에너지를 확보
하고, 값싸고 경쟁력 있는 중국산 제품을 위한 범세계적 판매
시장 확보를 위한 노력 등이다.

미국, 아시아에서 새로운 균형자 역할 강화 모색

안정적이고 협력적인 새로운 아시아와의 협력을 위해 미국
은 인도의 발전을 신중히 지원하고, 한국, 일본과의 관계를 긴
밀히 하고, 양자, 다자 차원에서 중국과의 협력을 확대하는 노
력이 필요하며, 범세계적으로 부상하는 새로운 아시아의 안정
을 지속하는데 필요한 '균형 세력balancing leverage'으로써 미국
의 역할 강화를 모색할 필요가 있다.

아시아에서 미국은 19세기와 20세기 초까지 유럽에서 영국
이 해왔던 아시아 지역 강대국들의 이해를 조정하고 관리하는
'균형자와 조정자balancer and conciliator'로써의 역할을 해 나가
면서 이를 위해 다양한 채널을 가동시켜 중국과 진지한 대화
를 지속해 나갈 필요가 있다는 것이다.

　동아시아 지역 안정을 위해 중국과 진지한 대화를 지속하는 것은 미중 간 충돌 가능성을 완화하고, 중국과 일본 및 중국과 인도 간 오판 가능성을 줄일 것이며, 중앙 아시아 자원 등을 위요한 중국과 러시아간의 상호 갈등을 완화하는데도 기여할 것이다.

　미국의 아시아 지역에서의 균형자적 노력은 궁극적으로 중국의 이익에도 기여할 것이다. 만약 미국이 인도와 연합하여 반중국 동맹을 추구하거나 일본과 함께 반중국 군사 동맹을 도모할 경우 위험한 상호 적개심을 유발할 수 있다.

　21세기 아시아에서의 지정학적 균형은, 건설적이고 스스로 지속가능한 아시아 지역 국가들간의 관계를 통해 이루어질 수 있으며, 분파적인 군사적 동맹을 통해서는 성취되기 어렵다.

　브르제진스키 안보보좌관은 미국은 군사동맹 국가인 한국과 일본을 제외한 여타 아시아 국가들의 전쟁에 관여되어서는 안된다면서 미국은 아시아 지역의 힘의 균형 유지를 위해 적극적인 정치, 외교, 경제적 지원을 해야 하며, 이를 통해 아시아 지역에서 미국의 정치적 영향력을 제고시켜 아시아 지역의 안정 강화에 기여해야 한다고 주장하였다.

아시아에서 미국의 화해 조정자로서의 역할은 일중 관계에 있어 특히 중요하며, 일중 간 화해를 증진시키기 위한 미국의 노력이 긴요한데, 특히 미국, 일본, 중국 간 삼각관계 강화를 위한 주춧돌 역할을 미국이 해야 할 것이다.

독일, 프랑스 간 화해 협력이 독일, 폴란드 간 화해 협력 강화로 확대될 때 유럽의 안정이 강화되는 것처럼, 사회, 문화 분야에서의 일본, 중국 간 관계 증진이 극동 아시아에서의 안전과 평화를 강화하는 출발점이 될 것이다.

아시아 지역 안정 증진 및 미중 관계의 평화적이고 협력적 발전을 위해 아시아 지역에서 미국의 적극적인 역할은 매우 중요하다. 역사적으로 미국은 전 세계에서 도전이 발생할 경우 이에 적극 대응해 왔는데 21세기의 도전은 과거와는 완전히 다른 형태의 도전이다.

전 세계 거의 모든 지역에서 국민과 민족들은 자신들의 보다 나은 미래를 위해 정치적으로 새롭게 깨어 있고, 중국, 인도 등 일부 국가들은 경제적으로 새롭게 부상하고 있다.

브르제진스키 안보보좌관은 결과적으로 21세기의 세계는 군사적으로 강력하고 정치적으로 영향력 있는 미국과 같은 어느 한 나라의 지배를 허용하지 않는다면서, 안정적인 국제 질서는 미국이 자신의 능력을 새롭게 강화하고, 유럽에서 '증진자promoter' 및 '보장자guarantor'로서의 역할을 새롭게 하며, 부상하는 새로운 아시아에서 미국이 '균형자balancer'및 '조정자conciliator'로서의 역할을 현명하게 수행할 수 있을 때 가능할 것이라고 주장하였다.

중국의 굴기와 한국의 전략

"

미국의 쇠퇴로 인해 동아시아에서의
미국의 한국에 대한 안보 공약이 약화될 경우,
미국과 군사 동맹관계에 있는 한국은 군사 정치적으로
위협에 직면할 수도 있다.

한국의 입장에서는 동아시아 안보 보장자로서
중국의 보다 큰 역할을 인정할 수밖에 없는데,
그러지 않을 경우 일본과 군사적 관계를 포함한
제반 관계를 강화해야 하는 선택의 상황이 올 수도 있다.

"

중국,
한국의 통일 문제 장기적 관점으로 접근

지정학적으로 중국, 러시아 등 대륙 세력과 미국, 일본 등 해양 세력이 만나는 전략적 요충 지역에 위치한 한반도는 주변 강대국들의 이해가 첨예하게 충돌하는 지역이다.

대한민국 만큼 주변 강대국 관계에 대한 깊은 이해와 통찰력이 요구되는 나라는 전 세계에 없다고 할 수 있다. 그만큼 한국은 대외 정책 결정에 있어서 미국과 중국, 러시아 등 대국 관계의 다양한 요소들을 고려해야 한다.

중국의 굴기가 한국에게 어떤 함의含意를 갖는지를 이해하는 것은 매우 중요한데, 중국이 정치, 경제, 군사적으로 강력히 굴기崛起하는 것이 대한민국에게 긍정적으로 작용할 것인지 부정적인 영향을 미칠지는 많은 검토가 필요한 문제이다. 1990년 독일 통일은 소련의 국력이 가장 약화된 시기에 이루어졌는데, 이러한 점에서 중국의 굴기는 단기적으로 한반도 통일에 부담으로 작용할 수도 있어 보인다.

중국은 한반도 문제를 장기적 관점으로 접근하고 있을 가능성이 크다. 중국은 한반도의 안정과 '현상 유지status quo' 입장을 견지해 가면서, 통일 한국이 중국 국익에 유리하게 되는 시기를 기다리는 것으로 보인다.

브르제진스키 전 미 대통령 안보보좌관은 미국의 쇠퇴로 인해 동아시아에서의 미국의 한국에 대한 안보 공약이 약화될 경우, 미국과 군사 동맹관계에 있는 한국은 군사 정치적으로 위협에 직면할 수도 있다면서, 한국으로서는 동아시아 안보 보장자로서 중국의 보다 큰 역할을 인정할 수 밖에 없을 수도 있으며, 그러지 않을 경우 일본과 군사적 관계를 포함한 제반 관계를 강화해야 하는 선택의 상황이 올 수도 있다고 전망하였다.

중국의 굴기와 미국의 전략

대한민국은 주변 강대국들의 의도를 정확히 파악하고 그들의 힘을 잘 활용했을 때 한반도에 평화가 유지되고 경제적 번영이 가능했고, 그렇지 못한 시기에는 많은 어려움과 고초를 겪은 역사적 경험이 있다.

1950~1953년 한국전쟁 이후 대한민국이 경제적으로 큰 발전을 해 온 것은 사실이지만, 대외 의존도가 높은 경제 구조를 갖고 있어 국제 경제 환경 변화에 취약하다. 한국은 국제적 환경 변화에 지혜롭고 적극적으로 대응하고 국제적 환경 변화를 순기능적으로 활용하지 못하면 쉽게 위기에 직면할 수 있다.

미국, 중국, 소련 "대전략 삼각관계"

나폴레옹은 한 국가의 '지리geography'를 알면 그 국가의 외교정책을 알 수 있다고 했는데, 민족주의와 영토적 점령간 연계는 나치 독일과 일본 제국주의에서 명백히 볼 수 있다. 지정학적 위치는 '민족 국가nation-state'의 외부적 우선 순위를 결정하는 출발점이며, 국가의 영토는 경제력과 기술 혁신 역량과 함께 국가의 '지위status'와 '국력power'을 결정하는 중요한 기준이다.

　‘핵심 전략 플레이어geostrategic players’와 ‘지정학적 핵심 국geopolitical pivots’ 개념을 도입한 브르제진스키 전 미 대통령 안보보좌관은 5대 ‘지정학적 전략 플레이어geostrategic players’로 프랑스, 독일, 러시아, 중국, 인도를 지적했고, ‘매우 중요한 지정학적 5대 핵심 중심지critically important geopolitical pivots’로 우크라이나, 아제르바이잔, 한국, 터키, 이란을 포함시켰다.

　1950~1960년대 미국, 중국, 소련이 추구한 ‘대전략 삼각관계the great strategic triangle’는 연합과 분열을 통해 상대를 고립시키고, 상대적으로 유리한 전략적 우위를 차지하기 위한 끊임없는 노력이다.

　중국 모택동 전략의 핵심은 중국의 안전과 생존을 위해 초강대국 미국 또는 소련 중 어느 한쪽과 연합하는 것이었는데, 소련 스탈린의 전략도 미국의 소련 포위 전략에 대응하기 위해 중국을 적절히 활용하는 것이었다.

중국의 굴기와 미국의 전략

1949년 중국 본토가 공산화되던 시기에 스탈린의 최대 관심은 동아시아 지역에서 미국과 군사적으로 충돌하지 않는 것이었다. 1949년 4월 유럽에서 북대서양조약기구NATO가 결성되고 유럽 전선에서 미국과의 대치 상황이 정체 국면에 접어들자 스탈린은 동아시아 지역으로 전선을 확대할 필요성을 느꼈다. 그리고 동아시아 지역에서 미국에 대항하는 세력으로서 중국의 가치를 높이 평가하였다.

소련의 스탈린은 중국의 모택동이 미국과 전략적 협력 관계를 갖지 못하도록 방해했는데, 이를 위해 스탈린은 중국의 한국전 개입을 지원하였다. 스탈린은 한반도에서 중국과 미국이 대규모 군사적 충돌을 하도록 유도함으로써 미국과 중국 관계를 적대화하는 데 성공하였다.

1950년 중국의 한국전쟁 개입, 1954년, 1958년 미중 간 1, 2차 대만 해협 위기, 1962년 중국과 인도 간 히말라야 국경지역에서의 군사적 충돌, 1969년 중소 간 우수리강 국경 충돌 등을 거치면서, 중국은 소련의 위협에 직면하게 되었고, 상황 타개를 위해 모택동은 미국과 외교관계를 수립하는 '동맹관계 전환'의 대전략을 추진하였다.

모택동의 동맹 관계 전환은 등소평의 '도광양회'(빛을 숨기고 힘을 기른다) 전략을 통해 현재도 중국의 대미 외교 정책의 근간으로 이어지고 있다.

중국의 동맹관계 전환 전략은 우리에게도 시사하는 바가 크다. 북중 간 지속되고 있는 군사동맹 및 상호원조 조약도 시대 상황과 전략적 환경 변화에 따라 바뀔 수 있는 것이다.

한미 군사 동맹과 북중 군사 동맹 관계 속에서 한중 관계를 전략적 협력 관계로 발전시키기 위해서는, 동맹 관계의 전략적 전환이 중국의 국익과 합치된다는 인식을 갖도록 다차원적이고 복합적인 대 중국 외교를 전개할 필요가 있다.

통일에는 중국의 역할이 중요하며, 단계적으로 달성 전망

러시아의 대 한반도 정책은 남북한 간 균형 외교 입장을 취하면서 러시아와 남북한을 연결하는 가스관 설치 사업, 남북한과 시베리아 철도 연결 사업 등을 통해 한반도에 대한 영향

중국의 굴기와 미국의 전략

력 강화를 시도하는 것이다.

브르제진스키 안보보좌관은 일본은 한반도가 어느 한 아시아 강대국의 영향권하에 들어가지 않도록 대 한반도 정책을 추구해 갈 것이며, 한국이 경제적으로 일본의 경쟁 상대가 될 가능성에 대해 경계하고 있다고 지적하였다.

대한민국은 북한 핵 문제를 해결하고 한반도를 평화적으로 통일해야 하는 역사적 과제를 안고 있는데, 이를 위해 독일 통일 과정을 주의 깊게 볼 필요가 있다.

'빌리 브란트Willy Brandt' 사민당 출신 독일 연방 총리가 추진한 '동방 정책Ostpolitik'은 독일의 평화적 통일을 이루어냈다. 독일 통일은 우리에게 많은 시사점을 준다. 동독은 세계 최빈국인 북한과 달리, 통일되기 20년 전인 1970년대에 이미 세계 10대 산업국이었으며, 동독과 서독은 남북한과 달리 동족상잔의 전쟁 참화를 겪지 않았다.

서독 정부는 동독과의 통일을 염두에 두고 수십 년간 동서독 주민들이 상호 서신을 교환하고 이산가족 왕래 등 동서독

간 내부적 소통이 유지되도록 지속 노력했다. 서독 정부는 동 서독 간 내부적 소통을 유지하면서, 통일에 필요한 외부적 환경을 만들기 위해 당시 소련과 미국, 프랑스, 영국 등을 적극 설득하는 외교적 노력을 전개했다.

다행히도 당시 소련에서는 고르바초프 서기장이 개혁 개방 정책을 수행하고 있었는데 이러한 고르바초프의 개혁, 개방 정책은 독일이 통일을 이루는 데 결정적인 기여와 역할을 하게 된다.

브르제진스키 전 미 대통령 안보보좌관은 한국의 통일은 단계적으로 성취될 것이나, 결국 중국이 통일을 촉진하는 데 있어 중요한 역할을 할 것으로 전망하였다.

북한 김정은 체제 운영 방식

2011년 12월 17일 김정일 사망 및 김정은 조선 인민군 최고사령관 임명 이후, 북한은 2012년 신년 공동사설에서 김정은을 '당과 국가, 군대의 최고 영도자'로 지칭하고 있는데, 여

중국의 굴기와 미국의 전략

기에는 다음과 같은 의미가 있다. 김일성은 주석이었으며, 주석직을 승계하지 않은 김정일은 국방위원장 칭호를 받았는데, 김정일은 선군정치라는 구호를 만들어 인민군을 중심에 두는 방식으로 북한 사회를 통치하였다. 김정은 체제에서는 '당과 국가, 군대의 최고 영도자'라는 새로운 구호를 사용하고 있는데, 김정은은 군사훈련을 직접 지휘하고, 개인이 운영하는 기계공장을 방문, 격려하는 등 경제 개혁을 해나갈 것임을 시사하는 활동을 하고 있다.

김일성 출생 100주년 기념 연설(2012. 4. 15)에서 김정은은 더 이상 혁명은 없으며, 더 이상의 고난 행군은 없다고 하면서, 전통문화로 돌아갈 것을 주장하였다. 이는 북한 인민들이 더 이상 허리띠를 졸라 맬 필요가 없으며, 북한 인민들에게 경제 문제를 해결하겠다는 의지를 표명한 것으로 보인다.

향후 김정은 체제가 중국이나 베트남 방식을 모방한 경제 개혁의 방향으로 나아갈지 또는 김정일 방식의 선군정치를 지속할지는 좀 더 면밀히 주시해야 할 것으로 보인다.

국제 관계에 미치는 문화의 힘

"

범세계적 규모의 정치적 각성과 인류의 생존과
직결된 지구적 규모의 문제들의 출현으로 인간 존엄성에
대한 중요성이 재조명되고 있는데, 인간 존엄성에
대한 전 세계적 열망은 인간 존중을 의미하며,
상호 간의 사회적 차이에 대한 존중을 의미하는 것이다.

산업구조 및 경제적 번영과 경쟁력에 핵심적인
경제적 거대 조직의 창설은 그 사회에 내재되어 있는
신뢰의 수준과 긴밀히 연관되어 있는데 국가의 번영과
경쟁력은 그 사회에 고유한 신뢰의 수준에 의해 결정된다.

"

문화적 존엄성의 정치

지금의 국제 환경은 과거 역사상 어느 시기보다 급격하게 변화하고 있는데 세계화로 인해, 전 세계 사람들이 서로 소통하고 상호 영향을 미치는 방식이 변하고 있는 것이다.

세계화는 전 세계 사람들이 정치적으로 보다 적극적이도록 만들었고, 사람들의 이동이 더 자유롭게 되었으며, 라디오와 TV가 자신들의 처지와 다른 나라 사람들의 상황을 비교하도록 만들었고, 기회가 어디에 있는지도 알 수 있게 하였다.

인터넷으로 인한 정보화 사회 현상이 전 세계적으로 일어나고 있는데 이러한 변화는 국제 관계의 기존틀인 '민족 국가

nation state'의 위상을 심각하게 변화시키고 있다.

이러한 변화는 현대 기술에 대한 접근이 가장 용이한 선진 국들에게 큰 충격을 주고 있는 반면, 라틴 아메리카나 아프리 카등 개도국들은 그 영향이 비교적 덜한 편이다.

국제 관계에서 새로운 현상은 전통적 문제들인 '권력power' 과 '지정학geopolitics'은 그대로 있으나, 지구적 규모의 세계화 와 정보화로 인해 기존 국제 관계의 권력과 지정학의 성격이 변화되고 있다는 것이다.

지구적 규모의 정치적 각성과 인류의 생존과 직결된 범세계 적 문제들의 출현은 인간 존엄성 문제의 중요성을 재조명하고 있다. 인간 존엄성에 대한 범세계적 열망은 단순히 보다 나은 생활이나 보다 나은 삶의 경제적 수준만을 의미하는 것은 아 니며, 인간에 대한 존중을 의미하는데, 이는 다른 사람을 비난 하지 않으며, 상호 간의 사회적 차이를 인정하는 것이다.

경제 사회 건설에 있어 문화의 중요성

국제 정치에 있어 문화가 더욱 중요해지고 있는데 '사뮤엘 헌팅턴Samuel Huntington'은 세계가 문명 충돌의 시기로 가고 있다고 하면서, 인간이 최초로 자신을 확인한 것은 이데올로기가 아니며 문화였다고 주장하였다.

헌팅턴 교수는 분쟁은 파시즘, 사회주의, 민주주의로부터 야기된 것이라기보다는, 세계의 주요 문화적 그룹들 즉, 서구, 이슬람, 유교, 힌두 등으로부터 야기될 수 있다고 주장한다.

그러나 헌팅턴 교수 주장의 신빙성이 덜한 것은 문화석 차이가 반드시 분쟁의 근원이라고만 주장할 수는 없다는 것이다. 오히려 다른 문화들 간의 상호 작용으로부터 창조적인 변화를 만들어낼 수 있고 실제로 그러한 문화적 상호 자극을 통해 창조적인 변화를 이끌어낸 사례가 많이 있다.

문화적 충돌이 분쟁으로 가느냐 또는 적응과 진보로 가느냐의 문제는 이러한 문화들을 특이하게 구별되게 만드는 것이 무엇인가, 그리고 문화의 기능이 무엇이냐에 대한 심층적인 이해가 중요하다. 왜냐하면 국제 경쟁을 둘러싼 정치 경제적 문제들은 점차 '문화적 관계로 투영될 것cast in cultural terms' 이기 때문이다. 아마도 문화가 국내적 번영과 국제 질서에 직접적 영향을 미치는 가장 핵심적 분야는 경제일 것이다.

'프란시스 후쿠야마Francis Fukuyama' 교수는 자신의 저서 『신뢰Trust』에서 산업구조 및 경제적 번영과 경쟁력에 핵심적인 경제적 거대 조직의 창설은 그 사회에 내재되어 있는 '신뢰trust'의 수준과 긴밀히 연관되어 있다면서 "국가의 번영과 경쟁력은 '그 사회에 고유한 신뢰의 수준the level of trust inherent in the society'에 의해 결정된다."고 주장한다.

'아담 스미스Adam Smiths'가 지적한 바와 같이 경제 생활은 사회 생활과 긴밀히 연계되어 있으며, 사회의 관습, 도덕, 습관과 분리시켜 이해하는 것은 불가능하다면서, 따라서 경제 생활과 문화를 분리시켜 생각할 수 없다고 주장한다.

중국의 굴기와 미국의 전략

문화, 신뢰, 사회적 자본의 의미

후쿠야마 교수는 문화를 '물려받은 윤리적 습관inherited ethical habit'으로 규정하였는데, 정보화 시대를 적극 지지하는 사람들은 계급 질서와 권위의 붕괴를 축하하지만, 그들은 가장 중요 요소인 신뢰와 신뢰안에 내재되어 있는 공유된 윤리적 규범을 간과하고 있다면서 '공동체community'는 상호 신뢰에 의존하며, 상호 신뢰 없이는 자발적으로 결집하지 않는다 하고, 신뢰는 문화적으로 규정되기 때문에, 자발적 공동체는 다양한 문화에 따라 다양한 수준으로 결집된다고 주장하였다.

'사회직 자본social capital'은 사회 안에 신뢰를 확산시키는 능력이라고 정의할 수 있는데, 종교나 전통 또는 역사적 관습과 같은 문화적 메카니즘을 통해 창출되고 전달된다.

사회적 자본이 모든 사회에 공평하게 분배되는 것은 아니며, 사회적 자본이 잘 공급된 사회는 그렇지 못한 사회에 비해, 기술과 시장 상황이 변화함에 따라, 보다 적극적으로 새로운 경제 조직 형태를 잘 순응하며 받아들일 수 있다.

후쿠야마 교수는 신뢰가 높은 사회는 보다 유연하고 그룹 중심으로 조직되고 책임을 보다 하부 조직으로 위임할 수 있는 반면, 신뢰가 낮은 사회에서는 근로자들을 일련의 관료적 규정에 따라 고립시키고 격리시킨다면서, 정직, 신뢰, 협력, 상대에 대한 배려 등 '사회적 미덕the social virtues'은 개인들에게 매우 중요한 요소들이며, 또한 경제 생활에 미치는 문화적 요소로서도 매우 중요하다고 지적하였다.

'막스 베버Max Weber'는 1905년 자신의 저서인 '프로테스탄트 윤리와 자본주의 정신The Protestant Ethic and the Spirit of Capitalism'에서 종교나 이데올로기와 같은 문화적 생산품은 경제력에 의해 만들어지는 것이 아니며, 오히려 문화가 특정 형태의 경제적 행동을 만들어 내는 것이라 하고, 자본주의가 유럽에서 부흥한 것은 당시 유럽의 기술 여건이 앞서서가 아니라, 유럽의 기독교 정신이 이를 가능하게 한 것이라고 주장하였다.

제9부

북한 핵 문제

"

북한은 핵탄두 소형화 기술 확보와
핵무기의 폭발력 향상등을 위해 3차 핵 실험을
할 것으로 보이는데 핵 실험을 함으로써 치뤄야 할 정치
적 비용과 군사적, 기술적 이익등을 고려하여
핵 실험의 시기 등을 정할 것으로 예상된다.

북한은 2010년 군사 퍼레이드에서 핵 연료 장착이 가능한
사정거리 3천 킬로미터의 중거리 대륙간 탄도 미사일을
보여주었는데 이 미사일은 1968년 소련이 개발한
SS-N-6 미사일을 개량한 것이다.

북한의 대륙간 탄도 미사일이 아직 시험 발사되지는
않았지만 만약 북한이 이 미사일에 장착 가능한
소형 핵탄두를 개발할 수 있다면 이 미사일은
북한 핵무기 위험성을 현저하게 강화시킬 것이다.

"

북한 핵 실험이 갖는 의미

북한은 핵탄두를 미사일에 장착하는 소형화 기술 확보 등 핵무기를 보다 위협적인 수단으로 만들기 위해 핵 실험을 계속해야 할 기술적, 군사적, 정치적 이유를 갖고 있다.

2006년 10월 9일 함경북도 풍계리 북쪽 산악지대에서 감행된 북한의 1차 핵 실험은 플루토늄을 핵분열물질로 사용한 핵 실험이었는데, 북한이 핵 '폭발력yield'을 만들 수 있는 능력을 보여 주었다는 점에서 부분적으로 성과가 있었다. 그러나 0.2~1킬로톤 수준의 폭발력은 북한이 중국에 사전 통보한 4킬로톤에는 크게 미치는 못한 수준으로, 전문가들은 북한의 1차 핵 실험이 그다지 성공적이지 못했던 것으로 평가하고 있다.

2009년 5월 25일 감행된 2차 핵 실험도 플루토늄을 핵분열 물질로 사용한 핵 실험이었으며, 함경북도 풍계리 인근 산악 지역에서 이루어졌다. '포괄적핵실험금지협정CTBTO' 측정에 의하면 2차 핵 실험 폭발력은 3.16킬로톤이었다. 미국은 2킬로톤, 영국은1~5킬로톤, 프랑스는 1.5킬로톤, 중국은 3킬로톤으로 추산하였는데, 2차 핵 실험은 1차에 비해 상당히 강화된 핵 폭발력을 보여 주었다.

북한은 핵탄두 소형화 기술 확보와 폭발력 향상을 위해 제3차 핵 실험을 검토하고 있을 것으로 보인다. 북한은 3차 핵 실험을 함으로써 치뤄야 할 정치적 비용과 군사적, 기술적 이득 등을 고려하여 핵 실험의 필요성과 시기 등을 결정할 것으로 보인다.

중국은 북한에 대한 원조와 무역을 지속하면서 북한이 핵 실험을 하지 않도록 설득하고 있고, 러시아도 최근 110억 미불 상당의 대북 부채를 탕감해 주었으며, 북한 통과 가스관 건설 계획등을 추진하면서, 북한이 핵 실험을 하지 않도록 노력하고 있다.

북한이 3차 핵 실험을 감행할 경우 핵분열 물질을 무엇으로 사용할 것인가가 주요 관심사인데, '고농축 우라늄HEU'을 사용하는 핵 실험을 하거나, 또는 고농축 우라늄과 플루토늄을 함께 사용하여 복수의 핵무기를 동시에 실험하는 형태가 될 가능성이 있는 것으로 보인다.

북핵 문제 전문가인 스텐포드대 헤커 교수의 평가에 의하면, 북한이 과거 두 차례 핵 실험을 했던 핵 실험 터널과 파키스탄 핵 실험 프로그램 자료등을 비교해서 판단하면, 북한은 기술적으로 2주 정도의 준비 기간을 거쳐 3차 핵 실험을 감행할 수 있는 역량을 보유하고 있다고 한다.

6자회담은 북핵 문제를 다루는 유용한 대화틀인가

지난 10년간 북핵 문제 해결을 위한 대화의 틀인 6자회담이 제 역할과 기능을 다하지 못하고 있다는 주장들이 있다.

1990년초 1차 북핵 위기 시 미국은 주로 미북 양자 간 협상을 통해 북핵 문제 해결을 위해 노력했으며 그 결과 1994년 미북 간 제네바 합의가 도출되었다.

그러나 2002년 북한이 우라늄 농축 프로그램 보유 사실을 시인하면서 미북 양자 간 협상을 근간으로 한 제네바 합의는 붕괴되었다. 이후 미국은 중국, 한국 등 동북아 지역 국가들과 협의하여 다자간 협상틀인 6자회담을 만들었다.

미국이 다자 회의를 통해 북핵 문제를 다루겠다고 생각하게 된 것은 북핵 문제가 동북아 지역 안보 문제이므로, 동북아 지역 국가들의 참여와 책임 분담이 필요하다는 판단과 인식에서였다.

이후 약 10년 동안 6자회담은 북핵 문제 협상틀로서 2005 9·19 공동성명을 도출하였고, 영변 플루토늄 핵 시설을 불능화시키는 등 상당한 성과를 도출해냈다.

그러나 북한은 2006년과 2009년 2차례의 핵 실험 실시와 장거리 미사일 발사 등 도발 행위를 지속함으로써 6자회담을 통한 북핵 문제 해결 목표가 불가능해진 것 아니냐는 우려가

중국의 굴기와 미국의 전략

나오고 있는 상황이다.

그러나 협상틀에 문제가 있어 북핵 문제가 해결되지 못하는 것은 아니다. 6자회담에는 한반도 문제와 직간접적으로 관련되어 있는 국가들이 모두 포함되어 있다. 과거 4자회담에서 러시아와 일본이 배제된데 대해 두 나라가 강력히 항의한 점을 고려할때 6자회담은 북핵 문제 논의를 위한 최선의 협상틀이라고 할 수 있다.

북핵 문제 해결 이후에도 6자회담은 다자안보 기구로 환경, 자원, 에너지, 군비 통제, 영토 분쟁 등 동북아 지역의 다양한 문제들을 논의하는 유용한 협상틀로 그 역할을 계속 수행해 나갈 것으로 보인다.

북한의 핵 및 운반 수단 능력 평가

북한의 핵 능력을 정확히 파악하기는 어려우나 개략적으로 추정해 볼 수는 있는데, 북한이 핵무기를 보유하고 있으나 대단한 규모는 아닌 것으로 보인다.

　1980년 중반부터 본격적으로 핵무기를 개발해 온 북한은 핵무기 6~8개 정도를 만들 수 있는 플루토늄 40~50킬로그램을 보유하고 있는 것으로 추정된다.

　2009년 4월 북한이 세번째로 장거리 미사일을 발사하고, 이어 유엔 안보리의 규탄 결의안이 채택되었는데, 북한은 경수로 건설과 경수로 연료 공급을 위한 농축 우라늄 프로그램을 개시하겠다고 발표하였다.

　북한이 농축 우라늄 프로그램을 2009년부터 개발했다고 주장하고 있는데 이는 사실이 아니다. 북한은 2000년경 때부터 우라늄 농축 원심분리기 프로그램 개발을 시작한 것으로 보인다. 무샤라프 전 파키스탄 대통령은 자신의 자서전에서 파키스탄 '칸A.Q.Kahn' 박사가 P1 및 P2 원심분리기 20개를 2000년경 북한에 제공했음을 확인하였다.

　2001년 말 '미 중앙정보국CIA'은 북한이 우라늄 농축 프로그램 구축을 위해 원심분리기 제작에 필요한 물자들을 대규모로 획득하려고 시도했다고 미 의회에 보고했다.

중국의 굴기와 미국의 전략

농축 우라늄 프로그램은 매우 어려운 기술이며 개발에 오랜 기간을 필요로 한다. 이란은 지난 15년간 우라늄 농축을 비밀리에 추진해 왔는데 지금도 기술적인 측면에서 어려움을 겪고 있다.

북한은 1980년대 북한이 축적한 자체 경험과 파키스탄 핵 전문가들의 북한 방문 등을 통해 상대적으로 조기에 원심분리기 제작 및 가동 기술을 습득한 것으로 보인다.

만약 북한이 대량의 '고농축 우라늄HEU'을 생산하게 될 경우 북한의 핵분열 물질 수출 위협은 현저히 강화될 것이다.
'고농축 우라늄 프로그램' 을 통해 핵무기를 만드는 것이 훨씬 쉽고 운송시 발각되기 어렵기 때문에 '고농축 우라늄' 구매 시장은 플루토늄 구매 시장에 비해 북한에게 월등히 이익이 될 것이다.

북한은 2010년 군사 퍼레이드에서 핵 연료 장착이 가능한 사정거리 3천 킬로미터의 중거리 대륙간 탄도 미사일을 보여 주었는데 이 미사일은 1968년 소련이 개발한 SS-N-6 미사일을 개량한 것이다.

북한이 군사 퍼레이드에서 보여준 중거리 대륙간 탄도 미사일이 아직 시험 발사되지는 않았지만 만약 북한이 이 미사일에 장착 가능한 소형 핵탄두를 개발할 수 있다면 북한이 보유한 중거리 대륙간 탄도 미사일은 북한 핵무기의 위험성을 현저하게 강화시킬 것이다.

북한의 원심분리기
우라늄 프로그램 저지 노력 긴요

북핵 문제는 6자회담 참여국들의 우선적 관심 순위가 다르다는 사실을 고려할 때 해결하기가 매우 복잡하고 어려운 외교 안보 이슈이며 따라서 북한핵을 완전히 비핵화하는 데는 많은 장애와 어려움이 예상된다.

현 단계에서는 북한이 주력 개발중인 것으로 보이는 고농축 우라늄 생산을 위한 '원심분리기 우라늄 프로그램' 확대를 막는 것이 매우 중요하다.

현재까지는 북한이 원심분리기 생산에 필요한 핵심 물질과

중국의 굴기와 미국의 전략

부품을 자체적으로 생산해 내지 못하는 것으로 보인다. 따라서 원심분리기 제작에 필요한 핵심 물질과 부품이 북한으로 유입되지 않도록 막는 국제적 노력이 매우 중요하다.

만약 북한이 비밀 장소에서 고농축 우라늄 생산을 크게 확대하고, 핵무기 규모를 현저히 강화하고, 보유 핵무기를 정교하게 하기 위해 더 많은 핵 실험을 하게 된다면, 북한은 핵 능력을 크게 강화시키게 될 것이고, 북한의 핵 물질과 핵무기 수출 가능성은 훨씬 커질 것이다.

단기적으로 북한의 핵 능력 강화를 막기 위한 국제적 노력이 긴요하며, 이를 위해서는 안보리 대북 제재 결의안 이행을 강화하고, 6자회담을 통해 북한의 핵 포기를 이끌어 내야 한다.

장기적으로는 북한이 자유 민주주의와 인권을 존중하는 국제사회의 정상적인 일원으로 참여할 수 있도록 유도하는 노력이 필요하다.

북한이 전략적 결단을 내려 핵무기를 포기할 경우 경제적 번영과 한반도의 항구적 평화가 보장된다는 점을 북한에게 인

식시키고 적극 설득하는 노력을 국제사회와 함께해 나갈 필요
가 있다.

북핵 위기 시 미국의 대응

클린턴 미국 대통령은 '회고록 My Life**'에서 1994년 1차 북핵 위기 상
황을 다음과 같이 기술하였다.**

1994년 3월 북한이 영변 핵 시설에 대한 '국제원자력기구
IAEA' 사찰관들의 활동을 봉쇄함으로서 북핵 문제의 심각한
위기가 시작되었다……(중략). 클린턴 대통령은 페트리어트 미
사일 부대를 한국에 배치하기로 결정하였고, 유엔에 대북한
경제 제재를 요청하였으며, 전쟁을 각오하고 북한의 핵무기
개발을 저지하기로 방침을 정하였다.

페리 미 국방장관은 북한에 대한 선제 군사 공격도 배제하
지 않고 있다고 공언하였고, 크리스토퍼 미 국무장관은 '미국
의 북한에 대한 메시지가 균형을 이루고 있다Our message had
the right balance'고 하였으며, 레이니 주한 미 대사는 북한에 대

중국의 굴기와 미국의 전략

한 미국의 입장을 '경계, 단호함, 인내watchfulness, firmness, and patience'로 설명하였다.

1994년 6월 1일 카터 대통령은 북핵 위기 상황을 해결하기 위해 북한에 가기를 희망하였으며, 클린턴 대통령은 칼루치 미 국무부 본부 대사를 카터 대통령에게 보내 위반의 심각성을 설명하도록 하였다.

칼루치 대사의 보고를 받은 카터 대통령은 계속 북한에 가기를 희망하였고, 클린턴 대통령도 '시도해 볼 가치가 있다It was worth trying'고 판단하여 고어 부통령과 미 외교안보팀과의 협의를 거쳐 카터 대통령의 방북을 승인하였다.

당시 클린턴 대통령은 제2차 세계대전 승전 기념 행사 참석을 위해 유럽을 방문중 이었기 때문에 고어 부통령이 카터 대통령에게 방북 승인을 통보하였다.

고어 부통령은 북한이 '국제원자력기구IAEA' 사찰관들의 임무 개시를 허용하고, 영변 핵 프로그램을 동결하고, 북한 비핵화를 위한 미국과의 협의에 응하지 않는 한, 대북 제재를 중단하지 않을 것이라는 클린턴 대통령의 메시지를 방북 예정인 카터 대통령에게 전달하였다.

6월 16일 카터 대통령이 평양에서 전화해 왔으며, 방북 결과에 대해 미 케이블 TV 채널인 CNN과 인터뷰하였는데 카터 대통령은 북한이 '국제원자력기구IAEA' 사찰관을 추방하지 않기로 하였다면서, 따라서 미 행정부가 대북 제재를 완화하고 미북 고위급 대화를 개시해 줄 것을 건의하였다.

클린턴 대통령은 만약 북한이 영변 핵 시설을 동결할 준비가 되어 있다면 미국은 대화에 복귀할 것이라고 카터 대통령에게 설명하였다. 그러나 클린턴 대통령은 과거 경험에 비추어 북한을 신뢰할 수 없었기 때문에 북한의 정책이 바뀌었다는 것을 문서로 확인 받을 때까지 대북 제재를 계속하기로 하였다. 일주일 후 김일성은 자신이 카터 대통령에게 언급한 내용 및 미북 대화를 위해 미국이 제시한 조건들을 수용하겠다는 것을 확인하는 서한을 클린턴 대통령 앞으로 보내왔다.

남북한은 남북 정상회담 개최 문제를 논의하기로 하였으며, 그 대가로 미국은 그 다음달인 7월에 북한과 고위급 대화를

중국의 굴기와 미국의 전략

제네바에서 갖기로 하였다. 미북 대화가 개최되는 대로 미국은 대북 제재를 중단하기로 하였다.

부시 대통령은 '회고록Decision Points'에서 북핵 문제에 대한 자신의 생각을 다음과 같이 기술하였다.

북핵 문제를 해결하기 위한 다자외교틀인 6자회담의 핵심은 중국에 있는데, 미국과 중국은 한반도에서 서로 다른 이해관계를 갖고 있다. 중국은 한반도의 안정을 중시하고 미국은 자유를 중시하며, 중국은 북한에서의 위기 발생 시 북한 난민을 우려하는 반면, 미국은 북한 주민들의 기아와 인권을 중시하였다. 미국과 중국간에 한 가지 공통의 이해가 있는데 이는 북한 김정일이 핵무기를 갖도록 방치해서는 안된다는 것이다.

2002년 10월 부시 대통령은 강택민 중국 주석을 크로포드 목장에 초치하여 '북한은 미국뿐 아니라 중국에게도 위협이므로 미중이 함께 김정일 정권에 대해 외교적으로 대처하자'고 제의했다.

부시 대통령은 강택민 중국 국가 주석에게 '미국과 중국은 북한에 대해 서로 다른 종류의 영향력을 갖고 있는데, 미국은 대체로 부정적인 영향력을, 중국은 긍정적인 영향력을 갖고 있으므로 '우리가 함께 하면If we would combine' 인상적인 팀을 만들 수 있다'고 설명하였다.

강택민 주석은 '북한은 미국의 문제이지, 중국의 문제가 아니라고 하면서, 북한에 대해 영향력을 행사하는 것은 매우 복잡한 문제'라고 대응하였다.

2003년 1월에는 다른 논리로 강 주석을 설득해 보았는데, 만약 북한이 핵무기 개발을 계속하면 미국은 일본의 핵무기 개발을 막을 수 없으며, 만약 미중 양국이 북핵 문제를 외교적으로 해결할 수 없다면, 북한에 대해 군사적 방안을 검토할 수밖에 없다고 설명하였다.

이후 6자회담이 개최되었으나 점진적인 진전이 있었고, 부시 대통령은 6자회담 참가국들에게 북핵 문제의 중요성을 상기시키고, 참가국들이 동일한 입장을 유지할 필요성을 강조하였다.

중국의 굴기와 미국의 전략

2005년 9월 우리의 인내심이 보답을 받았는데 북한이 모든 핵무기를 포기하고, '핵비확산조약NPT'하의 약속을 이행하기로 동의하였는데 부시 대통령은 회의적이었다.

김정일은 과거에도 약속을 위반하였는데, 만약 다시 약속을 위반하면 이는 미국에 대한 약속 위반뿐 아니라, 중국을 포함한 주변국 모두에 대한 약속 위반이었다.

2006년 7월 4일 김정일은 일본해를 향해 미사일을 발사하였는데, 미사일 발사는 군사적으로는 실패였으나, 도발은 실제적이었다.

부시 대통령은 후진타오 주석에게 전화하여, 김정일이 중국을 모독했으며, 중국이 공개적으로 북한의 미사일 발사를 비난해 줄 것을 요청했다. 후 주석은 평화와 안정에 대한 중요성을 반복하고, 상황을 악화시키는 어떤 조치도 반대한다는 내용의 성명을 발표했다.

2006년 10월 북한이 최초 핵 실험을 한 데 대해 후진타오 주석은 중국 정부는 북한의 핵 실험을 강력히 반대한다는 성명을 발표하였다. UN 안보리는 북한을 제재하는 결의안(1718)을 만장일치로 채택했다.

전방위적인 대북 압박이 효력을 보았는데, 북한은 2007년 2월 영변 원자로 불능화에 합의하였고, 유엔 사찰관들이 북한 핵 시설을 사찰하도록 허용하였다. 미국과 6자회담 당사국들은 이에 대한 대가로 북한에 에너지를 지원하고, 테러 지원국 명단으로부터 북한을 해제시키기로 하였다. 2008년 6월 북한은 영변 핵 시설의 냉각탑을 폭파시켰다.

그러나 문제가 해결된 것은 아니다. 북한인들은 아직도 굶주리고 고통을 받고 있는데 정보 보고에 의하면 북한은 농축 우라늄 프로그램을 지속하고 있다.

단기적으로는 김정일에 대해 영향력을 유지하고 한반도에서 핵무기를 제거하는데 6자회담이 최선의 방책이라고 생각하며, 장기적으로는 북한의 의미있는 변화를 유도하기 위해서는 북한인들을 김정일 치하에서 해방시키는 것이다.

중국의 굴기와 미국의 전략

북한 핵 문제와 이란 핵 문제 비교

북한 핵 문제와 이란 핵 문제는 핵무기의 국제적 확산 방지 문제라는 점에서 같으며, 두 문제가 갖는 지정학적 환경의 차이로 인해 상이점도 있다. 이란과 북한이 핵무기를 보유하게 될 경우, 주변 국가들에 대한 핵 보유 도미노 현상이 일어날 것이 명백하다는 점에서 이란과 북한의 핵보유 기도는 국제 핵비확산체제NPT에 대한 심각한 위협이며 도전이다.

첫째, 북핵 문제가 한반도 주변 강대국들의 이해와 긴밀히 연관된 동북아 핵 비확산 문제이자 동북아 지역 안보 문제라면, 이란 핵 문제는 중동 지역 핵 비확산 문제이자 이스라엘과 중동 지역 국가들의 지역 안보 문제이다.

둘째, 이란 핵 문제는 세계 경제의 동력인 국제 원유 공급 문제와 긴밀히 연관되어 있다. 미국 등 서방 국가들은 중동에서 이란이 핵 보유를 통해 군사적 패권을 추구하는 것을 용인할 수 없다는 입장이고, 특히 직접적인 생존을 위협하는 이스라엘로서는 이란의 핵 보유는 결코 용납될 수 없다는 입장이다.

셋째, 북핵 문제는 중국이 북한의 중심적 후견인 역할을 하고 있고 러시아가 지원하는 형식인데 비해, 이란 핵 문제는 지정학적 역사적 측면에서 러시아가 이란의 후견인 역할을 하고 있으며, 중국이 지원하는 방식으로 상호 역할을 분담하고 있다. 러시아와 이란은 1520년대에 외교관계를 개설하였으며, 약 5백 년간의 외교관계 역사가 있다.

넷째, 북핵 문제는 동북아 지역 국가들이 참여하는 6자회담을 통한 해결 방안이 모색되고 있는데 비해, 이란 핵 문제는 유엔 안보리 상임 이사국 5개국과 독일이 참여하고 있다. 두 문제 모두 다자 협상틀을 통해 해결 방안이 모색되고 있다.

다섯째, 이란 핵 문제에 대해 군사적 대응을 포함한 모든 옵션이 검토되고 있고, 특히 이스라엘의 군사 공습작전 수행 가능성이 커지고 있는 상황인데 비해, 북핵 문제는 6자회담을 통한 외교적 해결 방안이 모색되고 있다.

여섯째, 이란 핵 문제와 북한 핵 문제는 상호 긴밀히 연계되어 있다. 미국, 이스라엘 등이 이란 핵 문제를 군사적 대응을 포함, 강력 대응할 경우, 북한도 유사한 위협을 느끼게 될

중국의 굴기와 미국의 전략

것이다.

　반대로 미국 등 서방국들이 이란 핵 문제를 유약하게 대처할 경우, 이란은 시간을 벌면서 핵무기를 개발할 것이고, 북한도 이란의 지연 협상 전술을 본따 핵 능력 강화를 지속 모색하려 할 것이다.

참고자료

미 스텐포드대 '헤커 Hecker' 교수 방북 보고서 · 243

*2008년, 2011년, 2012년 보고서

미 스텐포드대 'Hecker' 교수 방북 보고서

*스텐포드대 국제안보센터 소장인 Siegfried S. Hecker 교수는 미국 내 북핵 문제 전문가로서, 그간 7차례 북한을 방문하였고, 영변 핵 시설을 4차례 방문하였으며, 미국이 최초로 핵무기를 개발한 Los Alamos National Laboratory 소장을 1986~1997년간 역임한 핵 과학자

-2008년 보고서

※"Denuclearizing North Korea"제하 "Bulletin of the Atomic Scientists" 핵 과학지에 2008년 5~6월자 기고

6자회담 당사국들의 다양한 '우선순위priorities'를 고려할 때 북핵 외교는 매우 복잡하며, 북한 핵을 완전히 비핵화하는 데는 많은 장애와 어려움이 예상된다.

6자회담 당사국들은 영변 핵 시설의 불능화 과정을 진전시켜 궁극적으로 영변 플루토늄 핵 시설을 폐기시키는 노력이 중요하다. '북한이 핵무기를 보유하고 있지만 대단한 규모는 아니다North Korea has the bomb, but not much of a nuclear arsenal'.

북한은 2005년 9월 19일 6자 공동성명을 통해 한반도 비핵화에 합의하였으나, 이미 보유하고 있는 핵무기를 제거하는 문제에 대해서는 모호한 입장이다.

9·19공동성명은 북한에게 영변핵을 폐쇄하며, 모든 핵프로그램을 공개하고, 모든 핵무기와 핵물질, 핵 시설을 제거할 것을 요구하면서, 미국, 중국, 한국, 일본, 러시아 등 6자회담 당사국들은 상응하는 보상 조치들을 취하도록 규정하고 있다. 그러나 이러한 과정은 '중단impasse' 되었는데 특히 북한이 보유하고 있는 모든 핵프로그램을 공개하는 문제에서 난관에 봉착하였다.

그러나 영변 핵 시설을 통해 만들어지는 플루토늄 생산을 중단시키는 것은 매우 중요하다. 북한의 영변 핵 시설 가동 중단은 보다 더 많은 핵무기를 만들지 못하게 하며, 보다 성능이

중국의 굴기와 미국의 전략

우수한 핵무기를 만들지 못하게 하며, 북한의 핵물질 수출 가능성을 보다 적게 할 것이다.

2006년 10월 9일 감행된 북한의 최초 핵 실험은 '핵 폭발력nuclear yield'을 만들 수 있는 능력을 보여 주었다는 점에서 부분적으로 성과가 있었으나, 0.2~1킬로톤 수준의 폭발력은 북한이 중국 측에 사전 통보한 4킬로톤의 폭발력에는 크게 미치지 못하는 수준으로 전문가들은 북한의 1차 핵 실험이 그다지 성공적이지 않았던 것으로 평가하고 있다.

2006년 북한의 1차 핵 실험 시 어떤 '핵폭발물nuclear device'이 사용되었는지에 대해 구체 정보는 없으나, 21킬로톤의 폭발력을 보유한 '일본 나가사키 투하 원폭plutonium bomb'과 유사한 '단순 디자인simple design'으로, 축소된 폭발력을 가진 소형 플루토늄 핵무기로 추정된다.

2006년 시점의 북한 능력으로 볼 때 북한이 '핵폭발물nuclear device'을 미사일에 장착시킬 수 있는 기술력을 갖고 있다고 보기는 어렵다.

따라서 북한은 핵무기를 정교화시키기 위해 추가 핵 실험이 필요하며, 북한 보유 핵무기 운반 수단은 항공기와 선박, 트럭 등으로 한정된다. 2007년 기준으로 북한은 6~8개의 핵무기를 만들 수 있는 플루토늄 40~50킬로그램을 보유하고 있는 것으로 추정된다.

북한은 2007년 7월 15일자로 플루토늄 생산을 중단했다. 2007년 2월 13일자 '6자 이행합의initial actions agreement'에 따라 '연료 생산시설a fuel fabrication facility' '5메가와트 흑연감속로5-megawatt-electric reactor' '재처리시설a reprocessing facility'등 영변의 주요 플루토늄 생산 시설을 폐쇄하였다.

북한은 영변 핵 시설을 재가동하거나 추가 핵 실험을 하지 않고서는 현재 보유하고 있는 초보 수준의 '핵폭발물nuclear devices' 성능을 제고시킬 수 없다.

북한 영변 핵 시설은 'the front end-우라늄 원광으로부터 연료봉 생산fabrication of fuel rods from uranium ore' ; 'the middle-원자로 가동reactor operation' ; and 'the back end-플루토늄 추출을 위한 재처리reprocessing to extract plutonium'의 '핵 연료

주기fuel cycle’ 3단계 전과정을 1990년 초에 보유한 것으로 판단된다.

북한은 2007년 10월 3일 체결된 ‘제2단계 이행 합의second phase actions agreement’에 따라, 미국의 기술 감독하에 상기 3단계 과정의 주요 시설들을 불능화했기 때문에 영변 핵 시설의 재가동은 쉽지 않을 것으로 보인다.

1994년 이전에 제작되고 ‘연료 생산시설fuel fabrication facility’에 보관 중인 사용 전 연료봉 처리 문제도 중요하다.

북한은 불능화시킨 시설들과 자재들을 별도로 보관하여 유사시 재가동시킬 수 있는 가능성도 열어 두었는데, 6~12개월이면 불능화된 핵 시설의 재가동이 가능할 것으로 보인다.

만약, 5메가와트 원자로에 보관된 연료봉을 다 ‘인출discharge’하고, ‘연료 생산시설fuel fabrication facility’에 보관 중인 새 연료봉들을 불능화시키거나 제거하면, 불능화 시설 재가동 소요 기간을 12~18개월로 연장시킬 수 있다.

영변 핵 시설은 향후 수년 더 사용할 수 있을 것으로 보이는데 영변 핵 시설이 재가동될 경우 5~10년 정도 더 사용할 수 있을 것으로 판단되며, 매년 원자탄 1개를 생산할 수 있는 6킬로그램 정도의 플루토늄을 생산해 낼 수 있을 것으로 보인다.

북한은 9·19공동성명에 언급된 '신고declaration'의 일환으로 핵무기와 플루토늄 보유량, 무기화 시설을 밝혀야 하는데, 무기화 시설은 영변이 아닌 별도의 지역에 있는 것으로 판단된다.

북한은 우라늄 농축 시설 의혹도 밝혀야 하는 데, 미국은 '완전하고 정확한complete and correct' 신고를 주장하고 있으나, 북한 정권의 폐쇄성으로 볼 때 쉬운 일은 아니며, 따라서 검증이 매우 중요하다.

북한 신고 내용의 정확한 검증을 위해서는 '원자로 생산 기록reactor production records' '원자로 구성 요소와 생산품reactor components and products' '재처리 공장 가동 기록 및 시설 reprocessing plant records and facilities' '폐기물 생산품 및 폐기장 waste products and sites'에 대한 접근이 긴요하다.

중국의 굴기와 미국의 전략

북한의 핵물질과 노하우 수출의 잠재력은 심각한 위협이다. 과거 또는 향후의 핵물질 이전은 '한계선a red line'을 구성하며, 미국은 이를 용납하지 않을 것임을 북한에 분명히 이해시킬 필요가 있다.

북핵 비핵화가 북한 핵 위협을 종식시킨다는 의미라면, 여기에는 핵무기와 핵분열물질, 생산 시설, 우라늄 농축 프로그램, 핵 수출의 중단을 포함한 모든 북핵 프로그램의 검증과 제거로 결과되어져야 하며, 완전하고 정확한 '신고declaration'가 필수적이다.

비핵화는 또한 환경적으로 수용될 수 있는 방식으로 핵 시설을 해체시켜야 하며, 수천 명에 달하는 핵 근로자들을 다른 과학 또는 산업 분야로 '이전redirection'시켜야 하고, 어떤 민수용 핵 시설은 남겨 두어야 할지도 결정해야 한다.

북한은 '핵비확산조약NPT'과 '국제원자력기구IAEA'에 재가입해야 한다. 북한핵에 대한 비핵화의 일반 원칙은 2005년 9·19공동성명에 명시되어 있지만, 비핵화 과정의 구체적 조치들은 아직 합의되지 못하고 있다.

비핵화 과정의 많은 구체 조치들이 어렵고 논쟁적일 것이지만, 영변 플루토늄 생산 시설을 제거하는 것은 '기술적으로 이행 및 검증이 가능technically doable and verifiable'하다.

6자회담 불능화 단계에서 북한이 했던 것처럼, 만약 영변 핵 기술 전문가들이, 열려있고 투명한 방식으로 협조하도록 북한 정부가 전략적 결정을 내린다면, 북한이 이미 생산한 과거 플루토늄도 검증할 수 있다.

'철저한 핵물질균형분석a thorough nuclear materials balance analysis'을 통해 북한의 과거 플루토늄 수출 문제도 파악할 수 있다. 과거 핵 기술 협력 또는 수출을 파악하는 것은 어려우나, 그러한 활동들도 결국에는 밝혀질 수 있는데, 이를 위한 정확한 평가를 위해서는 북한의 협조가 필수적이다.

헤커 교수가 방문했던 영변 핵 시설 일부는 심각하게 오염되어 있었는데, 북한 핵 시설을 폐쇄하고 '정화cleaning up'하는 데는 많은 예산과 수년간의 기간이 필요하다.

일부 6자회담 국가들과 유럽 일부 국가들이 기술 지원을 제

중국의 굴기와 미국의 전략

공할 수 있는데, 왜냐하면 이들 국가들은 원자력 분야에서 광범위한 경험과 기술을 보유하고 있기 때문이다.

영변 핵과학 기술자 이전 및 '재배치redirection' 문제와 관련하여 '넌–루거 협력적위협감소프로그램Nunn-Lugar cooperative threat reduction program'을 통한 지원 방안이 있고, 또 영변 핵과학기술자 일부를 북한의 소형 IRT-2000 실험용 원자로에서 일하도록 하는 방안도 있다.

미국 등 6자회담 당사국들은 북한의 경수로 건설 주장 문제도 해결해야 하는데, 북한 관리들은 북한의 전력난 해소를 위해 경수로가 필요하다고 주장하고 있다. 북한 관리들은 비공식적으로 경수로가 필요한 이유에 대해 경수로는 큰 상징적 가치가 있으며, 북한 국내 정치에서도 중요하다고 주장하고 있다.

북한 경수로의 확산 위험은 기술적으로 관리할 수 있을 것으로 보이는데, 북한 관리들은 '농축과 재처리 없는 북한 경수로 건설을 준비prepared to forgo enrichment and reprocessing'하고 있다고 주장했다.

-2011년 보고서

*헤커 교수는 2010년 11월 영변 핵 시설을 재차 방문한 후 '북한 비핵화의 재정의 Redefining denuclearization in North Korea'제하, '핵과학지 Bulletin of the Atomic Scientists' 2010. 12. 20자 기고

※헤커 교수의 2010년 11월 방문은 4번째 영변 핵 시설 방문

2011년 11월 12일 북한 영변에서 헤커 교수는 스텐포드대 동료들과 작은 실험실 수준의 경수로 건설 장소와 새로운 원심분리기 시설로 안내되었다.

그곳에서 북한이 우라늄 농축 프로그램을 보유하고 있다고 시인한 것에는 놀라지 않았으나, 초 현대식 2층 통제실로부터 본 '계단식 홀cascade hall'에 위치한 2천 개의 원심분리기 시설의 규모와 정교함에 놀랐다.

평양의 우라늄 농축 프로그램이 어떻게 이러한 수준까지 진전되었으며, 북한의 우라늄 농축 프로그램이 의미하는 위협의 본질이 무엇인지에 대해 '곤혹스러운 질문들troubling questions'이 제기되었다.

중국의 굴기와 미국의 전략

우리가 북한 핵에 대해 무엇을 알고 있고, 무엇을 알지 못하고 있는지에 대해 신중하게 검토할 필요가 있으며, 이를 통해 북한의 추가적인 핵 개발을 막고 북한의 핵 물질과 핵 기술의 해외 이전을 저지하기 위한 것이다.

소규모 실험용 경수로 건설과 관련하여 우리는 5메가와트 원자로 인근에 위치한 경수로 건설 현장을 방문하였다. 현장 책임자는 경수로 가동 목표는 2012년이라고 하면서, 디자인은 완성되었으나, 많은 구체 사안은 더 다듬고 있다고 하였다.

영변 현장 책임자는 나에게 경수로의 design parameters와 materials에 대해 거의 정보를 주지 못했지만, 몇 가지 기본적인 parameters에 대해서는 확인할 수 있었다.

봉쇄 구조 고강도 콘크리트는 대략 25×28미터 크기의 고강도 콘크리트 '바닥pad'에 7.1미터 깊이의 '구덩이pit'를 만들었다. 경수로 직경은 22미터이고, 두께는 0.9미터이며, 완공될 경우 40미터가 될 예정이고, 경수로 '출력power level'은 25~30메가와트 수준이다. 경수로는 3.5퍼센트로 농축한 4톤의 우라늄 '산화물oxide' 연료가 필요한데, 영변 경수로 현장 책임자는 '산화물 연료oxide fuel'를 만드는데 어려움이 있음을 인정하였다.

관찰 결과 다음과 같은 결론을 얻었는데, 북한은 소형 실험용 경수로를 제작 완료하여 경수로 제작 경험을 확보한 후, 보다 대형 경수로 건설을 시도할 것으로 보였다. 북한이 예상한 2012년 경수로 제작 완료 목표는 비현실적인 것으로 보였다.

북한이 1985년부터 처음에는 소련을 통해, 이후에는 미국을 통해, 현재는 자체적으로 경수로를 확보하려는 노력을 해왔음에 비추어 볼때, 경수로를 통한 전력 확보 희망은 진지한 것으로 보였다.

비록 기술적으로는 경수로를 통해 무기급 플루토늄 생산이 가능하지만, 경수로보다는 현재 보유하고 있는 영변 원자로가 무기급 플루토늄 생산에 보다 적절하기 때문에 북한이 경수로를 무기급 플루토늄 생산에 이용할 것 같지는 않다.

헤커 교수는 북한이 건설하고 있는 경수로의 안전 문제에 더 관심이 큰데, 우리가 북한 경수로 건설 관련, 많은 것을 볼

중국의 굴기와 미국의 전략

수는 없었지만 북한의 경수로 건설이 국제 원자로 안전 기준
과 관행에 잘 부합되지 않는 것으로 보였다.

강력하고 독립적이며 잘 알려진 '규제 기관regulatory agency'
확보가 안전한 원전 건설과 원전 가동에 있어 핵심적으로 중
요한데, 북한의 '핵 규제 기관nuclear regulatory body'이 이러한
요건에 부합되는 것으로 보이지 않았다.

경수로는 북한에게 신기술인데, 국제적 경험이 없고 북한에
서만 훈련된 젊은 기술자들이 건설하고 있고, 비현실적인 경
수로 공사 완료 시점을 말하는 북한측을 생각할 때, 경수로가
완공되더라도 안전한 경수로 가동이 가능할지 우려되었다.

건설 중인 경수로용 '저농축 우라늄LEU' 생산을 위해, 6개
의 방사선이 단계적으로 입자수를 증대시켜 가는 '케스케이드
cascades'에, 2천 개의 원심분리기가 가동 생산되고 있다고 북
측은 설명하였다.

우리가 본 바에 의하면, 새 원심분리기 시설은 부분적으로
그리고 전체적으로 가동 중인 것으로 보였다.

　영변 원심분리기 시설 책임 과학자는 원심분리기 시설은 실험용 경수로에 연간 필요 연료인 저농축 우라늄을 생산하는 8,000킬로그램 'SWU_{separate work units}'라고 설명하였다.

　우리가 본 것은 2세대 P-2 원심분리기였으며, '모터_{the rotors}'는 iron alloys likely maraging steel이고, one bellows이며, 북한에서 디자인했으나 모델은 유럽의 '우렌코_{URENCO}' 디자인과 일본의 '로카쇼무라_{Rokkasho-mura}'를 본뜬 것이라고 하였다.

　이층 관측 창문에서 내려다 본 바에 의하면 원심분리기 외부 모습은 직경 20센티미터에 높이 1.8미터였으며, 농축 목표는 2.2~4%라고 하였다.

　원심분리기 시설을 가동시키기 위해서는 '사불화 우라늄_{tetrafluoride}'과 '육불화 우라늄_{hexafluoride}'이 필요한데, 제네바 합의가 이행되었던 1994년부터 2002년까지 영변의 플루토늄 생산시설 가동이 중단되었기 때문에, 동 기간 중 영변에서는 '사불화 우라늄_{tetrafluoride}'을 생산할 수 없었다.

　원심분리기 시설 담당 북한측 책임자는 '사불화 우라늄

tetrafluoride’ 생산을 위해 새로운 ‘무수 라인anhydrous line’을 구축하여, 사불화 우라늄 생산 능력을 복원했으며, 이를 통해 원심분리기 ‘연료 가스feed gas’인 ‘육불화 우라늄hexafluoride’을 생산할 수 있게 되었다고 주장하였다.

북한은 이전에 영변에서 ‘육불화 우라늄hexafluoride’을 생산했었다고 한번도 시인한 적이 없었는데, 왜냐하면 육불화 우라늄은 영변에 있는 ‘흑연감속로gas-graphite reactor’ 연료가 아니기 때문이다. 그런데 이제 와서 북한은 ‘사불화 우라늄tetrafluoride’을 제조할 수 있는 능력을 보유하고 있다는 주장을 하고 있다.

원심분리기 시설 담당 북측 책임자는 원심분리기 시설 가동을 위해 필요한 모든 것을 북한이 갖고 있다고 주장하였는데, 우리도 북한이 원전 프로그램을 위한 풍부한 ‘우라늄 원광ore deposits’을 보유하고 있는 것을 알고 있다.

북한이 높은 수준의 농축 우라늄 프로그램을 갖게 된 이유

2009년 4월 북한이 장거리 미사일을 발사하고 이어 유엔 안보리 규탄 결의안이 나왔는데, 이에 대해 북한은 경수로 건설과 경수로 연료 공급을 위한 농축 우라늄 프로그램을 개시하겠다고 발표하였다.

우리가 영변 북한 과학자들로부터 들은 바에 의하면 원심분리기 시설 건설은 2009년 4월에 시작되었으며 우리가 도착하기 며칠 전에 완공되었다고 주장하였다.

그러나 영변 원심분리기 시설을 관찰한 바에 의하면 북한은 우라늄 농축을 수년간 시도해 왔음을 알 수 있다. 이란도 15년간 우라늄 농축을 비밀리에 추구했다.

북한도 오랜 기간 동안 비밀리에 우라늄 농축을 시도해 온 것으로 보이는데, 이제 자발적으로 우리에게 그간의 진전 결과를 보여준 것이며, 또한 새로운 경수로 건설 열망을 정당화하기 위한 것으로 보인다.

북한, 이란 모두 우라늄 농축은 군사적 목적인 것으로 보이며, 아무리 좋게 보아도 '이중 용도dual use'다. 지난 수년간 평양이 우라늄 농축 노력을 계속해 온 것에는 많은 증거가 있으

중국의 굴기와 미국의 전략

나 '결정적 증거smoking gun'는 없다.

무샤라프 전 파키스탄 대통령은 자신의 자서전에서 '칸A. Q. Kahn' 박사가 P-1 및 P-2 원심분리기 20개를 2000년경 북한에 제공했다고 주장하였다.

2001년 말 '미 중앙정보국CIA'은 미 의회에 "북한이 우라늄 농축 프로그램을 지원하기 위해 원심분리기 관련 물자들을 대규모로 획득하려고 시도했다."고 보고했다.

2002년 12월 미 CIA는 북한이 2000년대 중반부터 우라늄 농축을 통해 매년 2개의 원폭을 생산할 수 있다고 하였는데, 미 CIA는 2007년에 이러한 판단을 '평가절하downgrade' 하였다.

2004년 1월 헤커 교수의 영변 방문 시 북한은 플루토늄 핵폭탄 연료를 보여주었는데, 북측 인사는 북한이 이미 1980년대에 우라늄 원심분리기 프로그램을 갖고 있었으나, 1990년대에 영변 재처리 시설에서 플루토늄 추출에 성공하면서 우라늄 프로그램을 포기하고, 플루토늄 프로그램으로 전환한 바 있다고 주장하였다.

이후 미측이 우라늄 프로그램 보유 증거를 제시하면서 북측을 압박하자, 북한은 우라늄 프로그램 보유를 강력히 부인하였다.

2010년 10월 미 과학 및 국제안보 연구소 '올브라이트David Albright' 소장과 '브랜난Paul Brannan' 박사의 북한 우라늄 농축 프로그램에 대한 종합 검토 결과에 의하면, 북한은 실험실 수준을 넘어서 '중간 규모pilot-scale'의 '원심분리기gas centrifuge plant' 건설 능력을 보유하고 있을 것이라고 하면서도, 매년 2개의 핵무기를 만들 수 있는 '산업 규모industrial scale'인 원심분리기 3천 개 건설 역량 수준에는 의문을 표한 바 있다.

헤커 교수는 북한의 우라늄 농축 프로그램 역량을 '올브라이트Albright' 소장보다 더 회의적으로 보았으며 북한이 '연구 개발R&D' 수준에 있을 것으로 보았으나, 이제 2천 개의 원심분리기 시설을 직접 확인하였다. 그러므로 데이터를 재차 분석하고 북한이 어떻게 이러한 수준에 이르게 되었는지에 대해 심층적인 검토가 필요하다.

북한 측 주장에도 불구하고, 본인은 우라늄 농축 시설에 필

중국의 굴기와 미국의 전략

요한 핵심 부품들을 북한 스스로 제작했다는 북한 측 주장을 믿지 않는다.

'올브라이트Albright'와 '브랜난Brannan'에 의하면, 북한은 '고강도 알루미늄high-strength aluminum', maraging steel, specialty epoxy, ring magnets, bearings, vacuum pumps, valves, flow meters 등 원심분리기 제작에 필요한 주요 부품들을 구매하는 광범위한 불법 국제 네트워크를 갖고 있다고 한다.

본인은 북한 핵 전문가들이 우라늄 농축 프로그램에 필요한 물질과 부품을 국제 시장에서 구입하여 원심분리기를 제작하였고, 이를 working cascades에 성공적으로 장착시킨 것으로 믿고 있다.

2004년 파키스탄 '칸A.Q.Kahn' 박사가 가택 연금되기 이전에 북한과 파키스탄 간의 협력의 범위가 특히 문제로 보이는데, '칸Kahn' 박사는 북한 측에 원심분리기 starter kit, centrifuge controls, software를 제공했을 뿐만 아니라, 북한 핵 전문가들을 '칸Kahn' 연구소에서 훈련시켰다.

1980년대 북한이 축적한 자체 경험과 함께 파키스탄 핵 전문가들의 북한 방문 등을 통해 북한이 상대적으로 조기에 원심분리기 가동 기술을 습득할 수 있었던 것으로 보인다.

비록 리비아의 우라늄 농축 프로그램 노출 및 폐기로 '칸Kahn' 박사가 export business에서 축출되었지만, 그의 네트워크가 붕괴된 것은 아니며, 오히려 그간의 a single-node import network에서 보다 복잡한 multi-node export network로 진화된 것으로 보인다.

북한은 유엔의 제재를 받고 있는 북한 원자력 에너지부 총국 이행조직인 남천강 무역회사와 같은 import-nodes를 만들어, 핵 관련 불법 이중용도 품목을 밀거래하고 있다.

'미의회조사처CRS'와 유엔 안보리 전문가 패널 보고서에 의하면, 평양은 안보리 '1718 결의안' 및 '1874 결의안'이 부과하는 제재의 많은 부분을 피할 수 있다고 한다.

북한은 중국 중개상을 성공적으로 이용하고 있는데 일례로, 중국 회사들은 이중용도 품목을 구입하기 위해 활동하고 있

다. 중국 회사들은 싱가포르, 말레이시아, UAE 등을 trans-
shipment 국가로 이용하고 있다.

북한은 또한 중국을 통한 항공 및 육로 노선도 활용하고 있
다. 최근 증가하고 있는 중국 내에서의 북한의 금융, 비지니스
커넥션과 거래는 특히 이중용도 품목 거래의 취약성을 보여주
는 것이다.

범세계적 확산 네트워크에 대한 상세 분석에 의하면, 1990
년대에 북한의 원심분리기 프로그램이 재차 부상한 것은, 파
키스탄과 북한 간 원심분리기와 미사일 거래와 연관된 Chaim
Braun 및 Christopher Chyba 네트워크가 관련되어 있다.

북한과 버마 간 미사일과 핵 기술의 긴밀한 협력 및 이미 오
래된 이란과 북한 간의 협력 등 북한이 불법거래 의심을 받는
국가들과 구매, 생산, 조립, trans-shipment nodes 등 파키
스탄 '칸Kahn' 박사와 같은 확산 네트워크를 운영하고 있을 가
능성이 있다. 북한이 명백히 핵 관련 물질과 부품을 조달하는
능력과 원심분리기 제조 및 운영 역량을 보여 주었으므로 재정
적으로 이득이 되는 북한의 핵 수출 위험이 크게 증가되었다.

북한이 원심분리기 시설을 미국 민간 대표단에게 보여준 이유

북한은 우라늄 원심분리기 프로그램을 보유하고 있을 뿐 아니라 그것이 현대식이고 정교한 프로그램이라는 것을, 자신들이 믿을 수 있는 메신저라고 생각해온 스텐포드대 헤커교수를 통해 전 세계에 알리고 싶었던 것으로 보인다.

2009년에 우라늄 농축 프로그램을 보유하고 있었다는 북한의 주장을 국제 사회가 믿지 않는다는 것을 확실히 알았고, 따라서 우라늄 농축 원심분리기 시설을 공개함으로써, 핵폭탄을 만드는 두 번째 방식, 즉 '고농축 우라늄HEU' 생산 능력을 북한이 보유하고 있다는 명확한 메시지를 국제사회에 보내려고 한 것으로 보인다.

또한 북한이 우라늄 농축시설을 계속해서 숨길 수 있었음에도 불구하고, 경수로 건설 계획과 함께 보여준 것은, 북한의 우라늄 농축 프로그램 보유를 정당화하기 위한 것으로 보인다.

유엔의 대북 제재 결의안은 평화적 목적을 포함하여 북한에 대한 모든 핵 지원을 금하고 있다.

중국의 굴기와 미국의 전략

우리가 본 영변 원심분리기 시설은 소규모 경수로가 필요로 하는 연료 규모인, 연간 약 2톤의 '저농축 우라늄LEU' 생산이 가능할 것으로 보였다.

약 2톤의 저농축 우라늄은 핵무기 1개를 만들 수 있는 30~40킬로그램의 무기급 '고농축 우라늄HEU' 연료 생산으로 전환될 수 있다.

북한이 우라늄 농축 시설을 우리에게 공개한 것과, 우라늄 농축 시설 건물 지붕을 푸른색으로 한 것은, 숨길 것이 없으며 경수로 연료 생산에 사용될 것이라는 점을 암시하는 것이다.

북한이 공개하지 않은 또 다른 고농축 우라늄 생산 시설을 보유하고 있을 가능성이 있다.

우리가 본 원심분리기 저장 cascades, 또는 보다 소규모 저장 cascade가 공개되지 않은 장소에 건설, 보관되어 있고, 영변에 있는 시설은 모형일 가능성도 있다.

2008년 북한이 검증 협조 제스추어로 미측에 마지 못해 전달한 영변 원자로 가동 기록 사본 및 알루미늄 튜브 샘플에서 '고농축 우라늄HEU' 흔적이 발견되었을 당시, 북한이 이전에 이미 '고농축 우라늄HEU'을 생산했을 가능성도 제기되었다.

우라늄 농축 시설 공개가 안보 계산법security calculus을 변화시킬 것인가

북한은 이미 핵무기를 보유하고 있으나, '대규모nuclear arsenal' 수준은 아니다. 북한은 지난 25년간 플루토늄 루트를 통해 핵무기 개발을 추구해 왔지만, 제네바 합의와 6자회담 합의로 플루토늄 생산이 중단되어, 핵무기 4~8개를 만들 수 있는 24~42킬로그램 수준의 플루토늄만 생산할 수 있었다.

이러한 제한된 플루토늄 보유량과 별로 성공적이지 못한 핵 실험 역사를 볼 때, 북한 보유 핵무기는 미사일에 장착, 발사가 가능한 소형화된 수준이라기 보다는 '초보적primitive' 수준일 가능성이 크다.

헤커 박사가 2007년 영변을 방문했을 때, 전혀 예상치 못하게 플루토늄 시설 방문 기회가 주어졌는데, 그때 확신한 것은

중국의 굴기와 미국의 전략

북한이 플루토늄 생산 시설을 포기할 준비가 되어 있다는 것이었다. 실제로 북한이 취한 다음 행동은 플루토늄 시설 불능화였다.

5 MWe '흑연감속로gas-graphite reactor'가 문을 닫았고, 더 이상 플루토늄이 생산되지 않게 되었으며, 재처리되고 있는 플루토늄도 없다.

금속 연료봉 생산 시설이 폐쇄되어 원심분리기 홀로 바뀌었고, 파괴시킨 냉각탑은 다시 복원되지 않았다. 북한이 추후 플루토늄 생산 시설 복원을 시도할 경우, 보다 시간이 필요할 것이다.

북한은 남아 있는 사용 전 우라늄 금속 연료봉의 판매에도 재차 관심을 표명하였는데 가격이 맞으면 한국에 팔기를 희망하였다.

비록 내가 북한의 핵개발 동기를 이해하고 있다고 주장할 수는 없지만, 그간 수차례의 영변 핵 시설 방문 경험을 기초로 몇 가지 관찰해 볼 수 있다.

2010년 말 영변 방문 이전, 본인은 북한이 기 보유하고 있는 플루토늄 핵폭탄을 억지력으로 생각하는 것으로 믿고 있었다. 북한이 보유하고 있는 핵폭탄들이 강력한 억지력으로 사용되기 위해서는 미사일 이동수단에 장착될 수 있어야 하고, 이를 위해서는 소형화 실험을 해야 하는데, 보유 플루토늄 양은 제한되어 있고, 영변 5메가와트 원자로를 재가동한다 하더라도 1년에 핵폭탄 1개 제조 분량 정도의 플루토늄 밖에 만들어 내지 못한다.

이러한 상황에서 북한은 이미 만들어 놓은 핵무기는 현재의 적대적 환경을 고려하여 보유하고, 영변 플루토늄 핵 시설은 적절한 외교, 경제적 이익을 얻고 포기하기로 한 것으로 보인다.

만약 북한이 새로 건설한 원심분리기 시설을 이용하여 매년 핵무기 1개를 만들 수 있는 '고농축 우라늄HEU'을 제조하거나, 유사한 공개되지 않은 원심분리기 시설에서 핵무기 한 개를 더 만들 수 있는 고농축 우라늄을 생산하더라도, 그것이 '예방책hedge'은 될 수 있으나, '안보 상황security calculus'을 급격히 변화시키지는 않을 것이다.

중국의 굴기와 미국의 전략

만약 어떤 이유에서든 북한이 플루토늄을 통한 핵무기 생산 계획에 어려움이 있다면, 이 계획을 포기하고, 핵 실험 없이 보다 손쉽고 초보 수준의 핵무기 생산이 확실한 방안인 우라늄 원심분리기를 통한 핵무기 생산 계획으로 전환할 수는 있다.

그러나 미사일 장착을 위한 소형화 기술에 관한 한, '고농축 우라늄HEU' 프로그램이 플루토늄 프로그램보다 더 어려움이 많으며, 어떤 방식이든 미사일 장착 기술을 확보하기 위해서는 핵 실험을 해야 한다.

현재 공개된 북한의 우라늄 농축 프로그램에 있어 한 가지 위험은, 북한이 대규모 '고농축 우라늄HEU' 생산을 위해 단계적으로 생산 시설을 확대해 나갈 경우다.

만약 북한이 '대규모 핵무기nuclear arsenal'를 생산할 수 있고, 핵 실험을 추가로 감행할 경우, 북한의 핵 억지력은 강화될 뿐 아니라, 훨씬 강력한 안보 위협이 될 것이다.

만약 파키스탄 '칸Khan' 박사가 리비아에 판 것과 동일한 핵 탄두 디자인을 북한이 확보했다면, '고농축 우라늄HEU' '루트

route'를 통해 미사일 장착이 가능한 핵폭탄을 만드는 것이 북한에게 매력적이 될 수 있을 것이다.

상기 미사일 장착이 가능한 핵폭탄은 일부 북한 미사일에 장착이 가능할 정도로 소형이며, 이미 시험을 마친 중국제 핵 '폭발물device'에 기반한 것으로 보이는 '고농축 우라늄HEU' '핵무기implosion device'다.

북한이 '고농축 우라늄HEU' 생산을 위해, 숨겨 놓은 원심분리기 시설을 보유하고 있는 것으로 보이나, 현 시점에서 대규모의 '고농축 우라늄HEU' 생산은 아직 못하는 것으로 생각된다.

북한이 아직은 원심분리기 제작에 필요한 대부분의 핵심 물질과 부품을 자체적으로 생산해 내지 못하기 때문에, 원심분리기 시설을 희망대로 확대시키지 못하고 있는 것으로 보인다.

'올브라이트Albright'와 '브랜난Brannan'이 지적한 바와 같이, 북한의 지속적인 불법 핵 물질 구입을 막기 위한 국제사회의 노력이 매우 중요하다. 보다 어려운 문제는 북한이 핵물질 또

중국의 굴기와 미국의 전략

는 핵 물질 생산 수단 수출을 개시할 가능성이다.

북한의 리비아에 대한 '육불화 우라늄hexafluoride' 수출 및
북한이 시리아에 대한 플루토늄 생산 원자로 건설에 협력한
것 등은 우려되는 부분이다. 북한은 현대적인 원심분리기 시
설을 보유하고 있음을 과시함으로써, 수출을 확대할 수 있는
잠재 역량을 보여 주었는데, 원심분리기 프로그램에서 어려움
을 겪고 있는 이란을 지원할 수도 있다.

북한이 원심분리기 프로그램 개발에 성공한 것을 보면, 원
심분리기 구매 활동을 중단시키기가 얼마나 어려우며, 또한
원심분리기 시설을 찾아내기가 얼마나 어려운 지를 보여주는
것이다.

만약 북한이 대량의 '고농축 우라늄HEU'을 생산하게 될 경
우, 국가 또는 국가내 특정 집단에게 핵분열 물질을 수출할 위
협은 현저히 증가될 것이다.

'고농축 우라늄HEU'을 통해 단순한 핵무기를 만드는 것이
훨씬 쉽고, 운송 시 발견되기가 더 어렵기 때문에, '고농축 우

라늄HEU' 구매 시장은 플루토늄 구매 시장에 비해 북한에게 월등히 이득이 될 것이다.

여기서 우리는 어디로 가야 하는가

만약 북한이 비밀 장소에서 '고농축 우라늄HEU' 생산을 크게 확대할 수 있는 능력을 보유하고, '핵무기nuclear arsenal' 규모를 현저히 강화하며, 보유 핵무기를 정교하게 하기 위해 더 많은 핵 실험을 하게 된다면, 북한은 현재의 핵 위협을 '강화ratchet up'시킬 수 있을 것이다.

북한의 원심분리기 능력이 확대되면, 수출 위협도 더 커질 것인데, 국제사회의 즉각적 대응을 통해 '북한의 핵무장nuclear buildup'을 제한해야 한다.

북한이 경수로와 원심분리기 농축 시설을 공개함으로써, 비핵화의 의미를 '재정의redefine' 하는 효과를 가져왔으며, 외교 과정을 더 복잡하게 만들었다.

북한이 조만간 핵을 포기할 것으로 보이지 않는다. 이란 핵

중국의 굴기와 미국의 전략

문제 상황이 보여주는 바와 같이 경수로 프로그램의 평화적 성격 때문이다. 신뢰 측면에서 경수로 프로그램 보유의 정당성이 플루토늄 프로그램보다 크기 때문에, 북한은 경수로 프로그램과 원심분리기 시설을 보유하겠다고 주장할 것으로 보인다.

미국은 동북아 안보 정책에 대한 심층적 재검토를 할 시기이다. 지난 10년 동안 많은 일들이 일어났으나, 미국 정부는 기본적으로 '핵 렌즈nuclear lenses'를 통해서 북한을 보고 있는 반면, 북한은 미북간 정치 경제 관계 정상화가 시급한 것으로 보고 있다.

우리를 영변으로 초청한 북한 외교부 인사는 북한은 2005년 9월 합의된 6자회담 공동성명의 한반도 비핵화를 계속 지지할 것이라고 하면서도, '미북 양측은 상대방에 대해 적대적 의도를 갖지 않으며, 과거 적대 관계를 해소하는 새로운 관계를 만들기 위해 모든 노력을 다할 것이라는 약속을 확인'하는 내용의 2000년 10월 조미 공동성명 내용의 일부를 재확인함으로써, 북미 관계 정상화 과정을 개시할 수 있다고 주장하였다.

미국은 북한 핵 프로그램의 확대를 막기 위한 조치와 남북한 간 긴장을 완화시키는 조치를 취해야 한다.

9·19공동성명에 합의된 근본적이고 지속적인 목표는 한반도 비핵화가 되어야 하나, 한반도 비핵화에는 시간이 걸릴 것이므로, 본인이 the three no's 라고 부르는 No more bombs, no better bombs and no export, in return for one yes 방식을 시도해 볼 필요가 있다고 생각한다.

미국은 북한의 '안보 불안insecurity'을 해결해 주기 위한 진지한 노력이 필요하다. 북한 관리들과 토론한 바에 의하면, 미국은 미북 '공동 성명joint communique'에 따라 북한의 안보 우려를 해소해 주는 것을 개시할 수 있는데, 현재 한반도 비핵화 이행에 있어 가장 큰 걸림돌은 중국에 있는 것처럼 보인다.

중국은 북한을 비핵화하기 위해 평양에 대한 제재를 지금 강화할 의지는 없으나, 한반도 평화와 안정 유지를 위해 필요한 첫 번째 조치로 'the three no's 와 one yes' 정책을 지지할 수 있을 것이다.

중국의 굴기와 미국의 전략

이러한 접근은 북한의 핵 관련 물질 부품 수입 및 수출 네트
워크를 차단하는데 있어, 중국이 더 적극적인 입장을 취하도
록 하는데 기여할 수 있을 것으로 보인다.

-2012년 보고서

*헤커 교수가 니코밀로노폴로스, 밥 칼린과 함께 Bulletin of the Atomic
Scientists, 2012년 1/2월호에 기고한 내용

영변 경수로에 새로운 펌프 시설을 건설하는 등 높이 40미
터, 직경 20미터 규모의 경수로 외관 공사는 마무리되었다.

지난 20년간 북한 경제가 매우 어려운 상황임에도 불구하고
북한이 신속히 경수로를 지을 수 있다는 것은 놀랍지만 북한
경수로의 안전성에 대해서는 많은 우려가 있다.

북한이 경수로의 쉬운 부분을 신속히 완공했지만 경수로 내
부 부품들을 장착하고 연결하는 작업은 매우 어려운 부분이
며, 몇몇 기술 선진국들만이 그러한 능력을 보유하고 있다.

경수로 건설의 기계적이고 전기적인 범위는 시작일 뿐인데, 이러한 단계들의 건설 과정을 마치는 데는 최소 2년이 더 필요하다.

북한은 우리가 요청한 우라늄 농축 원심분리기 공장 시설 견학을 수용하지 않았는데, 위성사진 분석에 의하면 북한은 비밀 장소에 '중간 규모pilot-scale'의 원심분리기 시설을 보유하고 있을 것이라는 결론에 이르렀다.

영변의 여타 건물들에 어떤 시설들이 있는지 알 수 없으나 4불화 우라늄 및 6불화 우라늄 생산 시설들이 있을 것으로 생각되었다.

김정일 사망이 북핵 문제에 미치는 영향에 대해서는 알 수 없으나 북한이 핵 실험과 미사일 실험을 시도할 가능성은 배제할 수 없는 것으로 보인다.

북한은 2010년 군사 퍼레이드에서 핵 연료 장착이 가능한 사정거리 3천 킬로미터 중거리 대륙간 탄도 미사일을 보여주었는데, 이 미사일은 1968년 소련이 개발한 SS-N-6 미사일

중국의 굴기와 미국의 전략

을 개량한 것이다. 비록 아직 시험 발사되지는 않았지만, 만약 북한이 이 미사일에 장착할 수 있는 소형 핵탄두를 개발할 수 있다면, 북한 핵 능력의 위험성을 심각하게 강화시키게 될 것이다.

미국은 북한의 핵에너지 권리를 부인해서는 안되며, 대신 보다 현실적인 에너지 해법을 북한 측에 제시할 필요가 있는데, 가장 전망있는 대안은 북한에게 천연 가스 화력 발전소를 건설해 주는 것이다. 최근의 남북러 가스 파이프 라인 건설이 이 문제에 대한 새로운 기회를 제공할 수도 있다.

북한의 새 지도부가 보다 과감한 조치를 취할 수 있도록, 미국은 긴장 완화와 새로운 경제 조치를 취할 필요가 있다. 한국과 미국은 상호 이익이 되는 조치를 취함으로써, 미국이 우려하는 북핵 문제와 북한 미사일 문제를 관리할 수 있다.

머니 힐링

조성목 지음 | 신국판 | 값 15,000원

돈과 빚 그리고 잃어버린 꿈에 신음하는 사람들의 회복을 이야기하는 한 권의 책. 이 책 『머니 힐링money healing』은 현재 금융감독원의 국장으로 재직 중인 조성목 저자가 집필한 실용 경제서적으로, '돈'을 둘러싼 분쟁과 다툼 그리고 그 사이에서 큰 상처를 받는 피해자들을 조명하고 실질적인 회복, 회생 노하우를 들려준다.

죽고 싶어질 때

김진황 지음 | 신국판 | 값 15,000원

꽃씨는 누구도 탓하지 않는다. 기름진 땅이든 황무지이든 뿌리를 뻗기 위해 안간힘을 쓴다. 행여 운이 나빠 싹을 틔우지도 못한 채 말라죽을 수도 있다. 그러나 처지를 비관하거나 운명을 탓하지 말자. C'est la vie! 그것이 인생이다.

알아서 잘하는 아이는 없다

조수경 · 채수문 공저 | 신국판 | 값15,000원

왕따 아이가 어느 새 반장, 회장을 도맡아 했다. 이 책 『알아서 잘하는 아이는 없다』는 대한민국의 평범한 주부이자 두 자녀의 엄마인 저자가 실제 겪은 이야기들을 고스란히 옮겨 적은 자식교육서로, 책의 제목 그대로 가정에서 엄마의 역할이 얼마나 중요한지, 그리고 제대로 된 가정교육이 왜 필요한지를 일러주고 있다.

여전한 인생 vs 역전한 인생

구건서 지음 | 신국판 | 값 15,000원

누구나 원하는 인생역전, 하지만 인생은 조금도 변할 기미가 보이지 않는다. 이제 무기력한 당신의 인생에 여덟 개의 키워드[꿈·인맥·도전·재능·행동·기본기·준비·열정]를 입력하라. 가난과 짧은 학력을 이겨내고 꿈을 이룬 구건서 노무사가 제시하는 인생항해를 따라 나만의 인생설계도를 완성한다면 인생역전은 당신의 것이 될 것이다.

잘나가는 공무원은 무엇이 다른가

이보규 · 최성열 지음 | 신국판 | 값 15,000원

정신 놓고 있다가 길을 잃으면 그 순간 끝장이다! 9급부터 시작하는 공무원 행동강령. 이제 지옥 같은 직장을 낙원으로 만들고, 적을 아군으로 만드는 마법 같은 처세의 힘으로 더 큰 바다로 나아가보자.

중남미로 떠나는 21일간의 여행

노상래 지음 | 신국판 | 값 15,000원

배낭여행보다 더 알찬 국내 유일의 중남미 21일 패키지여행 체험기! 삶이 주는 선물 여행. 이제 인생의 동반자들과 함께 지구 반대편 정열의 나라로 떠나보자.

섹스 쇼크

김 성 지음 | 신국판 | 값 15,000원

성중독심리학자 김 성 박사(Ph.D)가 밝히는 충격적인 성중독의 세계. 대한민국 최초로 공개되는 성중독의 개념과 그 사례를 통해 그간 그냥 지나쳐왔던 그릇된 한국의 성문화에 대한 문제점을 파악하고, 그 치유 방법을 제안한다.

대한민국 공무원 36년史

정상덕 지음 | 신국판 | 값 15,000원

36년. 9급 말단 공무원에서 시작해 3급 고위 공무원까지, 지방의 면사무소에서 시청까지 수많은 사람들을 만나며 그들의 고충을 해결하기 위해 힘써온 '공무원' 공직생활의 모든 것이 담겨있다.